TRAVESTI

Carlos Reyes Ávila

Este libro obtuvo el Premio Binacional de Novela Joven Frontera de Palabras /
Border of words 2009 convocado por el Consejo Nacional para la Cultura y las
Artes, a través del Programa Cultural Tierra Adentro y el Centro Cultural Tijuana.
El jurado estuvo integrado por Ana Clavel, Élmer Mendoza y David Toscana

Primera edición, 2009
© Carlos Reyes Ávila

"El travestismo, al volver las fronteras genéricas permeables, es decir, al subvertir el orden binario de hombre/mujer, masculino/femenino, transgrede la misma noción de categorías fijas y se convierte en una "categoría en crisis". Como "género permeable" y como categoría en crisis, el travesti se ubica y desubica como lo "tercero". Un "tercero" que además de señalar la figura travesti como un "tercer sexo" o un "tercer término" describe "a mode of articulation, . . . a space of possibility. Three puts in question the idea of one: identity, self-sufficiency, self-knowledge . . ."

MARJORIE GARBER

"El travestismo es un proceso cambiante que escapa a definiciones precisas. (…) Con su presencia y comportamiento en la ciudad, el travesti se constituye como una figura desestabilizadora que confronta el paradigma de la ciudad "ordenada". (…) El espacio fronterizo de lo "tercero" que ocupa el travesti es otro espacio de posibilidad discursiva, un modo de rearticular y desautorizar nociones fijas de conocimiento. La figura travesti en su clasificación o "descalificación" como lo "tercero" resulta entonces análoga a la América Latina definida bajo la noción de "Tercer Mundo".

KARINA WIGOSKI

ORACIÓN TRAVESTI

Camelia, tú que fuiste la primera de la estirpe, ruega por nosotras.

Reina virgen que coqueta posas al lado del Señor,

ruega por nosotras. Mártir de este santo oficio, ruega por nosotras.

Tú que con tus trucos lo consigues todo, ruega por nosotras.

Tú que fuiste el primer niño convertido en niña por obra y gracia

de la Santísima Divinidad, ruega por nosotras.

Tú que sabiamente sabes atraer a los hombres, ruega por nosotras.

Tú que viniste a expiar nuestras culpas, ruega por nosotras.

Tú que desapareces de nosotras el pecado, ruega por nosotras.

Ayúdanos en la pose a mantener el gato en su lugar,

a que no nos falten los mayates,

y a que "el horror" no nos alcance; ayúdanos a tus santas niñas

a conseguir lo que buscamos,

no nos desampares ni de noche ni de día,

ni en las riñas y ni en la cruda.

A ti te damos gracias, Camelia, por mostrarnos el camino,

por enseñarle a los hombres que bien podemos ser mujeres,

por ponernos en el mapa de la noche,

por hacernos criaturas divinas bajo tu gracia,

y porque los reinos de la noche y las calles ahora nos pertenecen.

A ti te damos gracias, Santa Camelia, ahora y en la hora de la muerte.

AMÉN.

NUESTRA SEÑORA DE LAS FLORES

Camelia vendía flores de papel que ella misma elaboraba. En el barrio todos le decían: "Nuestra Señora de las Flores". Hacía de "Celestina" presentando señores con señoras. Como toda mujer romántica creía en el amor por sobre todas las cosas. Montaba valses para quinceañeras. En el fondo de su corazón seguía siendo una chiquilla enamorada. Camelia no era mujer. Su verdadero nombre era Carlos Pérez. Fue el primer travesti de Torreón, allá por los sesentas. Hoy su nombre es un emblema.

¿Qué? espérate, espérate, espérate. ¿Era hombre?

Así es, se llamaba Carlos, vivía en la calle Leandro Valle y ...

¿Fue el primer travesti de Torreón?

La primer "vestida" de la ciudad. Ni más ni menos. Aunque no era vestida total. Sólo se maquillaba y se peinaba como mujer, usaba aretes, y collares, traía las uñas arregladas, pero se vestía con pantalones de hombre, camisetas y zapatos de mujer. No se "vestía" completa, pero fue lo más cercano.

Pero, es cierto eso de las flores y lo de la Celestina y lo de los valses, ¿verdad? Todo es cierto. Eso hacía la Camelia. ¿Qué quieres? Era una romántica.

¿De qué años estamos hablando? De los sesentas

¿Todavía vive? No, ya murió.

¿De qué?

Dicen que murió de Sida, pero no es mentira. Antes decían eso siempre que se moría un joto, pero Camelia no murió así.

¿Cómo sabes?

Camelia antes que travesti y homosexual, era una dama. Se portaba bien, no era loca, es decir, no era puta. Era tierna, linda, sana.

Era raro verla en la Zona, donde sí andaban los maridos de las mujeres que dijeron que murió de Sida.

Esos maridos que por cierto preferían bailar, tomar, platicar y hasta pichonear con las vestidas que con las prostitutas.

¿Se las cogían?

Unos sí, otros no. La cuestión es que en aquel entonces no sabían que eran hombres. Cuando descubrían el truco, a veces las golpeaban y unos hasta las mataban. Otros se hacían los indignados frente a los cuates, pero de rato regresaban.

¿Neta?

(Silbido de afirmación)

Bueno, a ver, ¿qué pedo? ¿qué pasó con la Camelia, y las flores? ¿qué más? Ah, güey, si el morbo es cabrón, ¿verdad?

Ándale, ya, síguele, ¿estaba guapa?

Camelia era un hada atrapada en un terrible cuento de hadas.

SONIA

Se hacía llamar Sonia, por Sonia López, la cantante. Le encantaba cómo se vestía, con sus crinolinas y sus zapatos de pulsera. El apogeo de Sonia, "la vestida", fue en los sesentas, en la zona de tolerancia de Torreón. Aunque ella no empezó ahí. Tenía apenas trece o catorce cuando comenzó a vestirse de mujer.

Antes de entrar de lleno a lo macizo, es decir, a la Zona, se juntó primero en las mesas de café en la Avenida Morelos, donde hoy es el hotel Palacio Real, enfrente de la Plaza de Armas. Éstas eran a las que llamaban "putas del centro". Pero Sonia, en su recato y decencia no se descaraba y no se prostituía, le gustaba ir a ligar y conocer hombres, sólo para divertirse, no para hacer dinero. Además, era una niña. Se hacía pasar por secretaria o estudiante. Cargaba libros y hacía como que estudiaba. Luego algún galán se le acercaba y la invitaba a dar la vuelta en el auto.

Así fue como se metió en su primer conflicto. Conoció a un hombre que resultó ser un actor de cine. Esto no lo supo sino hasta después. Se le acercó y la invitó a dar la vuelta. Al principio Sonia no aceptó, y el Actor la convenció diciéndole que le iba a dar un dinero para ayudarla en su difícil situación económica. El trato no incluía sexo. Sonia accedió y se fueron en su auto a dar la vuelta.

Ni ella sabía que él era actor, ni él que Sonia no era mujer sino hombre. Al llegar a una plaza, Sonia le pidió el dinero acordado. El Actor se lo negó. Sonia sacó de su bolso una navaja. No la abrió, solamente la mostró para amenazarlo y le dijo que si no le daba su dinero iba a valer madre ahí mismo. El Actor se asustó y le entregó la cartera. Sonia sólo sacó el dinero acordado, se la devolvió, y se fue.

El asunto concluyó así. No hubo mayor conflicto. Después conoció a Imelda, una chica de Durango, ahí mismo, en el café de la Morelos. Imelda tenía una historia triste. La habían corrido sus papás de la casa al enterarse que estaba embarazada.

Imelda no sabía nada de la vida, había estudiado siempre con monjas. Desesperada decidió mudarse a Torreón, donde conoció a Sonia. Se hicieron amigas de inmediato. Un día se fueron al cine Martínez, fueron a ver Quinceañera con Maricruz Olivier. Ese día Sonia le prestó ropa a Imelda, un vestido de ajedrez. Sonia se puso un jumper color crema, zapatos de pulsera, y un collar de perlas. Imelda le había dicho que no se pusiera ese collar porque era de mala suerte. "Las perlas son lágrimas", le dijo; a lo que Sonia hizo caso omiso.

Al salir del cine se fueron caminando por la Morelos. Cuando pasaron por la Plaza de Armas la policía las detuvo. Un hombre en un auto las señaló. Las detuvieron por robo. Sonia identificó al hombre. Era "El Actor". La policía había detenido sólo a Imelda que traía el vestido de Sonia, el mismo que traía puesto la vez que salió con el Actor. El vestido fue el detalle por el que la reconoció.

Sonia al darse cuenta del de eso, dijo a los policías que se equivocaban de chica. A la que buscaban era a ella. El Actor la reconoció y se llevaron a Sonia a la cárcel. Ya ahí se descubrió la mentira, que Sonia no era mujer, sino hombre.

El Actor dejó las cosas como estaban, no levantó la demanda correspondiente. El escándalo iba a ser mayúsculo y él era un actor famoso. De cualquier forma, se quedó unos días en la cárcel por robo.

Cuando estaba dentro se acordó de las palabras de su amiga: las perlas son lágrimas, y rompió el collar.

Al enterarse del escándalo del hombre vestido de mujer, los medios de comunicación acudieron de inmediato. Publicaron su fotografía en El Siglo de Torreón. Sonia todavía con descaro posó para la foto.

Se recargó en el marco de una puerta con una mano alzada y posando como la diva que sabía que estaba destinada a ser. La fotografía salió en el periódico. Sonia se sintió orgullosa.

En ese tiempo acababa de publicarse en "la Alarma" el caso de Shalimar. Un travesti que robaba en el Cine Diana en la Ciudad de México. Shalimar salió en la fotografía con un abrigo negro de cuello atigrado, tacón de aguja, vestido y medias negros, con las piernas cruzadas. La noticia de Shalimar fue un escándalo mayúsculo, a nivel nacional. Sonia representó el caso de Torreón. Cuando Sonia conoció a Shalimar le contó lo que le había pasado y le enseñó el recorte del periódico a lo que Shalimar le contestó:

"Pero, usted salió en un pedacito del periódico, compañera, y yo salí en toda una portada".

Eso sí, Shalimar seguía siendo la reina, además lo de ella fue a nivel nacional.

En la cárcel Sonia conoció a "la Diabólica", de nombre Gregorio, que estaba presa por matar a un gay; también conoció a "la San Martín" que era grande y fuerte como luchador; conoció a "la Chepina", que le dijo que no se metiera en la Zona porque estaba muy chica para esos ambientes.

Con el tiempo Sonia se dio cuenta de que le había dicho eso porque en todo caso intentaba evitar la competencia. Conoció a "la Joaquina" y a "la Marilú" que fue quien la invitó a trabajar en "el Gallo de Oro".

La familia logró sacar a Sonia de la cárcel. Cuando estuvo libre, en vez de irse hacia su casa, Sonia se fue a la Zona de tolerancia.

Ese día comenzó la odisea y peregrinaje de Sonia, la reina de la noche.

EL GALLO DE ORO, 1963

La primer "vestida" completa en Torreón fue Ángel, era de Durango, pero trabajaba en la zona de tolerancia de la comarca lagunera, una de las tres más importantes del país, si no es que la más en su tiempo. Ésta sí cumplía con el ritual completo. Vestida y maquillada como mujer. Andaba con un soldado. Los dos eran marihuanos. El soldado la mató. Fue un crimen pasional. Ocurrió en la zona de tolerancia, en el Gallo de Oro, la primera cantina donde dejaron entrar a las vestidas. Después del crimen de Ángel, la clausuraron y las vestidas se dispersaron. Así tuvo lugar el primer destierro de los travestis.

Todo el movimiento travesti comenzó en la Zona, en una casa ubicada en la calle Progreso, donde tres gays lavaban la ropa de muchas prostitutas. Estos tres eran: "la Cacerolas", "la Marilú", y "Aurelio", mejor conocido como "la Mastuerzo", quien aún vive y se dedica a vender fayuca.

A Aurelio le molestaba que le dijeran así, y era capaz de agarrarse a chingadazos con quien lo hiciera. Le pusieron ese apodo a raíz de una vez que la raparon y que intentando ocultarlo se colocaba cabello que recogía de las estéticas; para disimular un poco la calva y su peluca fake, la adornaba con flores de mastuerzo, parecía que cargaba una maceta en la cabeza. A partir de ahí se le quedó el apodo de "la Mastuerzo".

Se llegaba a la casa por la entrada del Copacabana, donde se sentaban las prostitutas de silla. Estos tres gays vendían la ropa que dejaban olvidada las prostitutas a otros gays que querían vestirse de mujer. Así fue como se empezaron a "vestir".

Al principio tuvieron problemas con los zapatos. No había números tan grandes. Las mujeres usaban tallas chicas. Algunas de cualquier forma los usaban, aunque les quedara medio talón de fuera y les lastimaran los pies.

La mayoría usaba "patas de gallo".

En el Gallo de Oro te encontrabas el kilo de jotos, todos "enhuarachados". Esa cantina fue la primera en dejarlas entrar vestidas de mujer. Les daban trabajo. Tomaban y bailaban con los clientes. Vendían el "marro" con coca, a tres pesos la copa; de esos tres pesos, 50 centavos eran para la vestida que acompañaba al caballero. Bailaban y cobraban un veinte. Esto por el año de 1963.

Al principio, las prostitutas veían con simpatía a las vestidas. Les parecían simpáticas las jotitas vestidas de mujer. Les daban chance de que se sentaran con ellas a esperar clientes. Las defendían y las convirtieron en sus protegidas. Con el tiempo la situación cambió, sobre todo cuando se dieron cuenta de que las vestidas representaban un peligro para el negocio. Los caballeros comenzaron a preferir a las vestidas en lugar de las prostitutas, por obvias razones: las putas eran mujeres mayores, feas y sin arreglo; en cambio las vestidas eran todos unos monumentos con porte y arreglo. Mucha pose pobre todo y jovencitas. Las vestidas siempre se arreglaron mejor que las mismas prostitutas.

La fama de la Zona de Torreón creció pronto y comenzó a llegar gente de todas partes del país. Las vestidas foráneas fueron las que introdujeron las drogas en el ambiente, fueron las que llevaron la marihuana, las seconales, los diablitos rojos, el nembutal, etc. El ambiente hasta antes de ellas era sano, se trataba sólo de diversión, bailar y beber. Además de ser drogadictas, las vestidas foráneas, tenían otras "finas costumbres" como ser carteristas, razón por la cual crecieron los problemas con los clientes. Se suscitaron broncas espectaculares y una que otra muerte.

Como la Zona era tierra de nadie y se movía mucho dinero, todo se arreglaba igual, pagando fuertes cantidades para que todo quedara en el olvido.

Así los dueños pagaban y todos hacían como que no pasaba nada. Los mismos dueños de las cantinas cuidaban a las vestidas, pero sólo dentro de ella, lo que pasara fuera era asunto de cada una.

Las vestidas resultaron un gran negocio, los clientes gastaban montones de dinero con ellas.

Cuando había redadas en la Zona, a las primeras que levantaban era a las vestidas, por ejercer la prostitución. Hubo una vez en particular en que se llevaron a varias y dentro de la cárcel las raparon a todas para que no se siguieran vistiendo de mujer. El dueño del Gallo de Oro pagó la multa de todas y las sacó. Luego al verlas rapadas les compró unas pañoletas de la virgen de Guadalupe, y así anduvieron las jotas de la noche todas uniformadas, con patas de gallo y pañoletas de la Guadalupana. Unas más hábiles fueron a las estéticas a recoger cabello que pegaron al borde de las pañoletas para aparentar que tenían cabello, pero corto.

La costumbre de levantar vestidas por parte de la policía se debía a que por la noche no habían detenido mujeres y necesitaban quién hiciera las tortillas del día siguiente. Las levantaban entre las cuatro o cinco de la mañana para ponerlas a trabajar en la cocina. Ahí, en los separos, las vestidas tenían la costumbre de vaciar el tabaco de un cigarro y moler pastillas de mejoral para luego volver a mezclarlos en el mismo cigarro y fumarlo.

Como castigo también tenían "La Fajina". Esta fue el peor error de la policía. La Fajina era un carro de basura para barrer las calles y levantar la basura. Un día se les ocurrió exhibir a las vestidas con la Fajina. Torreón se hizo un alboroto. La gente salió a las calles a presenciar el circo. Los policías tuvieron que regresar a las vestidas a sus celdas. Nunca más les impusieron ese castigo. Les asignaron sólo el trabajo de las tortillas y la limpieza de las celdas. El ambiente en el Gallo de Oro se volvió cada vez más denso y peligroso. La muerte se paseaba con descaro por el lugar. Ahí cualquiera podía matar a cualquiera y las vestidas foráneas contribuían en gran parte. Con la muerte de Ángel todo estalló. La policía clausuró el lugar. El primer destierro de las vestidas tuvo lugar, pero esto no iba a terminar así. El carnaval estaba apenas por comenzar.

PARÍS ESTABA EN CALMA

Quedé en encontrarme con David en la Plaza de Armas el sábado a las nueve de la noche. David es puto, pero no un puto cualquiera, sino uno a toda madre. Tiene pedos, lo sabe y lo acepta. Para mí su único pedo es que se la vive pensando en la verga. Dejando eso de lado, es un cabrón a toda madre. A él le debo esta bizarra y sórdida experiencia con las Vestidas. Fue David quien me condujo a ellas, no lo hacía por cualquiera, pero a mí me respetaba.

Esa noche, fuimos primero al París, una cantina gay ubicada en la calle Zaragoza, a la otra cuadra de la Plaza de Armas, cerca de "La Rueda", nuestro principal objetivo. Hicimos tiempo un rato, ya que en la Rueda lo bueno comienza después de medianoche. Al París no dejan entrar a las "vestidas", se trata de una cantina para señores mayores gays que viven amontonados en el clóset. Afuera no hay un solo auto estacionado, todos procuran quedar lejos para evitar ser reconocidos. Adentro, el París es un hervidero de jotos.

Esa noche en la cantina, David me contó algunas de sus anécdotas de ligue en los baños del Mercado Juárez, de la Plaza de Armas o de las Sorianas, lugares de encuentro con mayates. Me contó de su primer peda, fiesta, desmadre gay, me narró cómo entre tres hombres se lo cogieron una vez que estaba hasta la madre, y de la vez que lo secuestró un cholo en la azotea de una caseta de policía abandonada.

Nos dieron las doce, pagamos y nos fuimos. El París estaba muy calmado.

NO SE PUEDE SER DISCRETAMENTE TRAVESTI

En primer lugar, se dice "Travesti", no "Trasvesti". ¡Por amor de Dios! Dejen de decir "Trasvestis". ¡Putamadre! Pongan atención o mejor no digan nada, digan vestidas, por ejemplo.

Ahora bien, aclarado este punto, comento que quise escribir esto por varios motivos.

El primero es responder a la pregunta: ¿Qué quiere un travesti? Imposible saberlo, como imposible es saber a ciencia cierta qué carajos quiere una ama de casa o un ingeniero en sistemas. En materia del deseo, un travesti no tiene las cosas más claras que cualquiera de nosotros. Entonces, surge una nueva pregunta: ¿Qué muestra un travesti?

Un cuerpo tecnificado. El nexo entre travestismo y tecnología es tan evidente ya que el efecto travesti depende no sólo de la imitación de un cuerpo de mujer sino de su exageración. El travestismo, por el contrario, es la maximización de los rasgos sexuales de la mujer. Lo que define esquemáticamente el cuerpo de mujer, los pechos y las caderas, son llevados por el travesti a su hipérbole. Y esto no puede lograrse con el disfraz, por capas de vestidos, de cabellera y de maquillaje.

Nada más lejano del travestismo que el disfraz, el cual es una imitación que de inmediato puede ser abandonada. El cuerpo travestido no puede ser abandonado ni fingido sólo por algunas horas. El cuerpo travestido no es descartable, sino que, por el contrario, su ideal es ser completamente definitivo.

El travestismo necesita de la técnica tanto como el disfraz necesita del oficio de la costura, del peinado y del maquillaje. Cuando mejor sea esa técnica, más próximo estará ese cuerpo de su modelo.

Por eso, el travestismo es en absoluto contemporáneo, ya que sólo en las últimas décadas la técnica está en condiciones de intervenir sobre el cuerpo modificándolo de forma material.

Por otra parte, tenemos también su lado festivo y exagerado, popular y carnavalesco. El cuerpo travesti es, como se dijo del cine, "más grande que la vida". "Sin grito y ademán no hay posible travestismo". "No se puede ser discretamente travesti". Por el contrario, el cuerpo travesti busca, a través de repetidas intervenciones, ir subiendo la apuesta hasta donde la combinación de límites físicos y límites técnicos lo hagan posible. Por supuesto, en el camino hay bastante sufrimiento y bastante peligro.

El modelo del cuerpo travesti proviene del show-business. La vedette del teatro de revistas, que se ha ido convirtiendo en casi cualquier cosa gracias a las posibilidades de transmutación televisiva, es el espejo donde se mira un cuerpo travestido. Eso explica las guerras de travestis y vedettes: ambas persiguen lo mismo, convertirse en símbolo de una sexualidad lujosa hasta la extravagancia. Ambos cuerpos, con ropas idénticas, han terminado pareciéndose.

Lo que sigue es la crónica exacta de mi encuentro con el mundo travestido. ¿Se puede vivir en una realidad travestida? Por su puesto. Y para muerta mi relación con Paulina, la Japón y el magnífico mundo de la noche travestida. El mundo es un travesti, que comience la noche.

LA RUEDA

En La Rueda está la mera mata, el show, las vestidas, la loquera, el mero inferno. A tres cuadras del París queda "la Rueda". Apenas dimos vuelta por la Juárez, en la Avenida Múzquiz, y nos topamos a tres vestidas que venían de frente hacia nosotros. Una se me hizo a toda madre. No parecía hombre, era muy femenina para caminar. El porte, la cara, y el cabello eran de una auténtica mujer; se veía más mujer que una mujer.

Cuando llegamos sentí que entramos a otra dimensión. Parecía que todas las locas de la ciudad se encontraban ahí reunidas; podíamos observar el prisma homosexual en todas sus variantes. Las jotitas "niñas bien" arregladitas, los sombrerudos rancheros y bigotones gays, las vestidas por supuesto, de todas formas y colores, unas guapas y unas feas, unas buenísimas, los gays más reservados; las lesbianas, también las femeninas y las machorras. Unos bailando y otros nomás dedicándose a ponerse hasta la madre para olvidarse un rato de ellas mismas.

La primera vestida que David me presentó fue La Tropicana, una gorda simpática, morenaza. Le dicen así porque es fiel adepta a la Sonora Tropicana. Luego me las fue presentando una por una, así como iban llegando. A la Pili, la Pasa, Ángel, Carla y otras.

Tienes que conocer a mi prima, pinche Oscar. Está bien bonita, dijo David.

Anduvimos dando el rol por todo el lugar. Me parecía divertido ir a mear al lado de mujeronas en minifalda, paradas a un lado tuyo con la verga en la mano. El baño no estaba techado, estaba al aire libre.

La Rueda en sí, es un lugar diferente. Parece una bodega acondicionada para antro, con láser y esfera de espejos en el centro. Tiene un piso arriba, un pedazo de cuarto-tapanco, como zona VIP, (parecida más a RIP), un mini baño cubierto apenas por un medio muro. También es diferente ver una vestida ahí parada meando. Todo se puede ver. Desde ahí puede observarse hacia abajo a toda la masa conectando, obviamente sobresalen las vestidas. Entre vuelta y vuelta, vimos a la vestida que nos encontramos antes de entrar.

Mira, esa está bien bonita, me dijo David. Sí, a huevo, le contesté. Y cada vez que pasaba frente a nosotros me lo repetía Mira, esa está bien bonita.

Sí cabrón, ya me dijiste.

No, pero deja que llegue mi prima. Está bien bonita, neta.

Luego por fin llegó la prima.

Mira te presento a un amigo. Hola, mucho gusto

¿A poco no está bien bonita mi prima?

Mientras David se entretenía saludando gente yo viboreaba el lugar. Había unas vestidas buenísimas, con unos culos que ya quisieran muchas. En uno de esos momentos me puse a observar a la que decía David que estaba "bien bonita", la que no era su prima, porque la verdad su prima ni bonita estaba. "La más bonita" en cambio era exactamente como me gustan las mujeres. Me dediqué a verla un rato, de un lado a otro. Cuando pasaba frente a mí se me quedaba viendo y me sonreía, yo le respondía la sonrisa, pero nada más, no le hablé.

De pronto me empecé a sentir incómodo. Estaba en un antro gay, en medio de aproximadamente 600 homosexuales. Mi motivo era una mezcla de broma, desmadre y delirio, pero la mayoría iba por lo mismo: sexo.

La Rueda no es un lugar de diversión, es un sitio de intercambio carnal, sexual, de ligue, una sección interactiva de avisos clasificados que venden o regalan sexo, a ver quién cae, a ver quién quiere, a ver si casca.

Los jotos y las vestidas al acecho del oro primordial: los mayates. Pero eso no era lo que me incomodaba. El problema era que "la más bonita" se me empezaba a antojar.

Hubo un momento en el que David se fue a la barra a comprar una cerveza. Me quedé solo y a unos metros estaba "la más bonita" con otra vestida. Vi que algo le dijo señalándome con la vista.

De inmediato su amiga se vino a parar frente a mí dándome la espalda y mirando hacia ella. Volteé y vi que "la más bonita" le hizo un gesto para que se regresara porque me había dado cuenta de su maniobra. Entendí que la había mandado como para comprobar mi estatura. Me estaba midiendo. Fue cuando empecé a pensar en la posibilidad. "La más bonita" estaba pensando en mí.

Neta, David, que si anduviera pedo ya me hubiera cogido a "la mas bonita".

Es que velas, pinche Óscar, son mujeres. Las vestidas no son hombres, son más mujeres que las mujeres. Y luego hay unas que están inyectadas. La diferencia sólo la hace un pedazo de carne. Ora, lánzate.

La neta si no estuviera sobrio y no fuera un chingado prejuicioso, sí se andaba haciendo.

Mentía. Sabía que si se presentaba la posibilidad, de jodido un beso le iba a dar. La Más Bonita vestía unos jeans azules, ricos, un top negro y su cabello rojo suelto. Era blanca, muy blanca, y tenía unos lindos ojos tristes y esperanzados. Se veía divertida a pesar de todo. Me gustaba su sonrisa, me gustaba cómo me veía cuando pasaba a mi lado, como abriéndome la oportunidad para que le hablara. David ni las pelaba, claro el era puto, como él mismo decía:

Yo soy puto, güey, y neta a mí me gustan los hombres. Yo estoy bien definido, a mí me gustan los cholitos, y jóvenes, o los albañiles que son el ideal de todo homosexual. Entre más varonil, mejor.

Por eso este cabrón ni se fijaba en las vestidas, para él era algo parecido al incesto.

Yo por mi parte seguía con la vista a La Más Bonita e imaginaba que más avanzada la noche podía terminar plantándole un beso sin ningún problema.

David por su parte cada vez que la veía me empujaba para que le hablara.

Pinche, vas a hacer que me clave.

Tú date, güey, si está bien bonita. O ahí está mi prima, mira, vela, ella no es loca, mírala ahí sentadita como una señorita. ¿A poco no está bien bonita mi prima?

¡Y dale, cabrón!

En ese momento nos cayó la Tropicana y sacó a bailar a David. El güey me jalaba para que bailáramos los tres, pero fingí demencia por dos motivos. El primero era que me estaba meando e iba al baño; y el segundo era que si iba a conocer a La Más Bonita iba a ser cuando estuviera solo. Salí del baño y me puse a buscarla entre el joterío, la vi a lo lejos, luego la perdí de vista. Cuando la volví a ver pasó a mi lado. Se siguió derecho dos pasos, se detuvo, y se regresó.

¿Por qué lo dejas? – me preguntó

¿Qué cosa?

No le escuchaba casi nada.

¿Que por qué dejas que se vaya a bailar? ¿Por qué dejas que te lo quiten? Y luego esa.

Ya estaba ahí el conecte. Ella había llegado a mí. Yo no tuve que ir hacia ella.

Yo lo mandé a bailar para que me dejara solo, contigo.

De inmediato La Más Bonita entendió el coqueteo. Puso mirada traviesa, se dejaba seducir. Era el chance.

¿Cómo te llamas? le pregunté

Paulina

Yo soy Óscar

Qué bonito nombre, me dijo.

Todo se volvió un ida y vuelta de coqueteos. Básicamente nos comíamos con las palabras. En un momento de la plática quise dejar de hablar, me pareció intrascendente, tanto ella y yo sabíamos lo que queríamos. Eran las tres de la mañana. Todos estaban ebrios y jariosos. En la pista ya nadie bailaba, sólo se cachondeaban. La noche estaba caliente. Yo quería agarrarla y plantarle un buen beso.

Y ¿qué haces, Paulina?

Pues yo de todo, menos puta. Trabajo en una fábrica de ropa y con una amiga en una estética. Ah, y me emborracho mucho.

¿Cómo?

Que tomo mucho, me emborracho siempre. Pero no, ya no, ya le voy a parar un poquito. ¿no ves que luego voy a perder la figura?
Y me empezó a modelar su figura.

No, pues no podemos dejar que esta figura se pierda, le dije.

Luego ya no me van a querer –agregó.

¿Cómo no te van a querer, preciosa?

A lo mejor yo ya no me voy a querer primero, así gorda.

Me di cuenta de que David ya había dejado de bailar con la Tropicana, pero no le di importancia. Sabía que me estaba viendo con Paulina, pero mostraba discreción.

Ahorita no tengo quién me quiera, me dijo Paulina otra vez coqueteándome.

Yo ya siento que te quiero…

¿Eh?

Nada.

Le tomé la cara, pero me contuve.

Y ¿tú que haces? me preguntó.

Nada, sólo sirvo para poeta, le contesté.

¿Me escribes un poema?

Ya vas.

¿Cuándo me lo haces?

El otro sábado te lo traigo, pero si lo quieres antes...

El anzuelo estaba tendido. La invitación estaba ahí para que nos viéramos otro día y no ahí. Paulina me miró otra vez, examinándome. No es que quisiera hacerse del rogar, era sólo que lo que quería era otra cosa, pero yo estaba muy pendejo, y eso lo supe hasta después.

Dudé y ese fue mi error. La táctica del poema era tan socorrida por mí que ya hasta me parecía estúpida, además me aburría, pero funcionaba.

Mi error consistió en que no debí decirle que se lo daría ahí el próximo sábado. Le tuve que haber canjeado el poema como siempre lo hacía: "Dame tu dirección o tu teléfono y me encargo de llevártelo". Siempre funcionaba. No sé por qué a Paulina le di la opción del siguiente sábado ahí. Ni modo.

No, mejor aquí. Aquí te voy a esperar. Bueno ya me voy con mis amigas, nos vemos.

Se me acercó para despedirse y me plantó un besó directamente en la boca. Fue un beso como de novios que se despiden, de esos que dicen: Te quiero, corazón, chao. Regresé con David, aun con la tibia sensación en los labios y una irremediable erección entre las piernas. No quise pensar en ese momento.

Ya te vi, cabrón, me dijo David. No hay pedo. ¿Ya ves? Te fue chido. No desconfió. Yo batallé un chingo para acercarme a las vestidas. No te dejan acercarte, son desconfiadas. Piensan que todo el mundo les quiere hacer daño. Están bien dañadas. Muchas... no, qué muchas, todas tienen una infancia bien culera, por ejemplo, a mi prima la amarraban a la cama para que no se saliera a la calle. Neta. A mi prima le gustaba vestirse desde chavita. Un día la llevaron con un doctor para que le inyectaran hormonas masculinas porque lo veían putito y según esto le estaban creciendo los senos. Qué chido, güey, ya la hiciste. Ya te abrió las puertas.

Y además es La Más Bonita.

A huevo. La más chida.

Le dije que le iba a escribir un poema y que se lo traía el otro sábado.

Bájale la dirección o el teléfono para no venir tanto aquí.

Ese es el plan.

Pero no te la va a vender tan fácil. Las méndigas, te digo, que son todas unas damas. Fíjate, un poema, es para que te diera todo, pero no te va a dar el teléfono. A lo mejor la dirección. Alguno de los dos, pero los dos no. Te la va a poner difícil.

Pero yo le gusté. Ella se me acercó a mí, no yo a ella.

Bueno, el sábado venimos a ver qué pasa.

Por mí, la noche estaba completa. Ya podía tranquilamente irme a la casa. David todavía pensaba ir a Lerdo a una fiesta con otras loquitas cocainómanas. Me preguntó si quería ir y le dije que no.

Soy un imbécil. De verdad que yo me obsesiono con lo que sea. Como ya llevaba el beso de Paulina en los labios no quería nada más. Yo sentía por dentro todavía la calentura del encuentro.

Me sentía clavado, pero con miedo. No quería obsesionarme. Todavía tenía muchos prejuicios en mi mente y uno de ellos era precisamente clavarme de un hombre, aunque estuviera bien bonita.

Es que todavía tengo prejuicios, güey, le dije. Neta me gustaría poder hacer cosas que no me atrevo.

¿Cómo qué?

Como que me valiera madres y tuviera una relación con una vestida. Fíjate qué chingón sería ser un filósofo cuya amante es un travesti.

Pero que fuera una obsesión, chida, güey, que no la escondiera, que me valiera madres, pero de veras cabrón, no por pura pose; ¡Puta! sería chingón.

Qué loco.

Dejé a David ahí. Yo me fui a mi casa.

Saqué mi libreta y no escribí el poema, busqué uno específico que le daba siempre a alguna chava. Cuando terminé, me quise masturbar pensando en ella, pero tenía mucho sueño, preferí dormir.

LA ARRANCACORAZONES

Sonia llegó a la zona, pero no se dirigió al Gallo de Oro. Consiguió trabajo en un restaurante llamado "Los Pepes", cuya dueña era Doña Concha, una terrible mujer que la explotaba. Cuando la dejaba sola contaba los platos de las cacerolas que podía servir para que no le hicieran transa. Ahí trabajaba toda la noche, y ya en la mañana se la llevaba a su casa para que le hiciera la talacha.

En casa de Doña Concha conoció a la familia de enfrente y donde entró a trabajar de nana de dos niños. Los niños, quienes en la actualidad son adultos le siguen diciendo "nana" a Sonia, a pesar de que ya no se viste de mujer. Un día, trabajando de nana, el patrón la mandó a la tienda a comprarle una cerveza. Había mucha gente. Un chico ahí se le quedó viendo mucho y le habló.

¿Cómo te llamas?

Sonia

Hola, yo me llamo Francisco

Mucho gusto

¿Vives por aquí?

Sí

¿La cerveza es para ti?

No, es para mi papá

Oye, ¿te podría invitar a un baile?

Primero le tendrías que pedir permiso a mi papá, dijo ella.

Sonia compró la cerveza y se fue. Francisco, le preguntó a Rey, el dueño de la tienda donde vivía la muchacha guapa.

Rey entró en el juego. Él sabía que no se trataba de una muchacha, sino de un muchacho vestido de mujer, pero no lo sacó del error. Al contrario, se convirtió en cómplice y le dijo en qué casa vivía con sus papás.

Mintió. Él sabía que Sonia no vivía ahí, simplemente trabajaba como nana, y los señores eran sus patrones no sus papás. Sonia le contó lo sucedido en la tienda a su patrón, le dijo que había conocido a un muchacho que la había invitado a un baile, que le había dicho que vivía ahí y que él era su papá, así que pronto iría a pedirle permiso para ir.

Resultó que el patrón también cooperó y cuando Francisco llegó, el patrón ya estaba instalado en su papel de papá celoso de la muchacha. Le dijo que la dejaría ir al baile, pero que tenía que llevarla temprano y que por ningún motivo intentara propasarse con Sonia.

El mentado baile era el baile del cartero. Ese día Sonia se arregló como nunca. Se tiñó el cabello de rojo y usó un vestido verde esmeralda. Cuando Francisco llegó a buscarla se quedó impactado con su belleza. Francisco iba de traje, con el cabello lleno de vaselina y copete de época. Él tenía veintidós años y Sonia apenas quince, aunque ya con bastante recorrido.

En el baile, Francisco pidió una cuba y un refresco para la señorita. Se la pasaron bien. Luego se fueron al cine Princesa que se ubicaba en la avenida Morelos, a contra esquina de las mesas de café que Sonia frecuentó como "puta del centro". Ahí varios hombres la reconocieron y le hablaban. Sonia fingió demencia. Francisco estuvo a punto de agarrarse a golpes con alguno por molestar a la señorita. Sonia detuvo todo antes y se fueron.

Al poco tiempo, Francisco estaba completamente enamorado de Sonia, y le propuso matrimonio. Por supuesto seguía sin saber que Sonia era en realidad un hombre. Cuando se lo propuso, Sonia se espantó. Por supuesto no iba a decirle que sí. Se le escondió y trató de evitarlo. Rey, el de la tienda fue quien otra vez le dijo a Francisco dónde encontrarla.

Vaya y búsquela en la zona, -le dijo-, ahí la va a encontrar.

Para ese entonces Sonia ya trabajaba en la zona en El Molino Rojo. No se "ocupaba", es decir, no era prostituta. Trabajaba dando show, bailaba y después se sentaba a tomar la copa con algún cliente y a bailar, por lo cual le pagaban.

Llegó el día en que Francisco entró al lugar. Sonia estaba en una mesa con un cliente.

Espérame tantito, papi, -le dijo al cliente-, es un asunto de la casa, ahorita vengo.

¿Por qué me haces esto? –le dijo Francisco. Sonia pensó que él ya la había descubierto, que ya sabía que en realidad era hombre.

Bueno ¿qué quieres? Yo no tengo la culpa de que no te hubieras dado cuenta antes de que soy hombre.

¿Qué? ¿Qué eres qué?

Entonces sí terminó por saber la verdad. Sonia sola se echó de cabeza. Francisco se quedó mudo y ya no dijo nada, simplemente se fue para no volver jamás.

LAS OPCIONES DE ÓSCAR

Al sábado siguiente fui sin falta. Llevé el poema con cierto miedo a lo que pudiera desatar. Imaginé que le gustaría y que sin más se iba a andar haciendo "alguito". Consideré la posibilidad de que le gustara el detalle del poema y estuviera dispuesta a irse a coger conmigo a algún motel cercano.

El que está en frente de la "Feriecita", por ejemplo, donde cobran cuarenta pesos por un rato y hay que despertar al Don de la puerta. ¿Hasta dónde estaba yo dispuesto a llegar? ¿Un beso ahí mientras bailábamos? ¿Un soberano beso? o ¿sería capaz de irme a coger con ella, o él? No creí llegar a tanto. De cualquier forma, Paulina no llegó.

De pronto me di cuenta de que me sentía frustrado. ¿Cómo podía ser? Nos fuimos y me quedé pensando en lo que hubiera sucedido.

Después de ese día estuve saliendo con cuatro mujeres diferentes. Una de ellas era mi exnovia que mostraba señales de querer retomar la relación. Al principio consideré la posibilidad. No me hubiera caído nada mal coger de nuevo con ella.

Después de que terminamos no pude tener buen sexo con nadie. Lo intenté con dos loquitas de la bola y resultó un fiasco. Ambas eran bórders. No me gustan las mujeres locas en la cama. Parece como que te quieren coger ellas a ti. Me gusta dominar en la cama, no que me dominen. El sexo fue vulgar. Afortunadamente mi pene tiene más dignidad que yo. Al poco tiempo perdió firmeza. Ellas tuvieron que parármelo a fuerza de mamadas. Ante eso sí no me resistí.

Con Cristina, mi ex, las cosas eran diferentes. No había ningún problema, aunque no era muy buena en la cama, me excitaba dominarla, manejarla, manipularla a mi antojo. Pensar en la posibilidad de hacer mío ese cuerpecito otra vez me calentaba.

La vi un par de veces y pronto recordé por qué había terminado con ella. No había tema de conversación. Volver sería una pérdida de tiempo, un fatal error. Para mi fortuna ella dudada, no sabía si en verdad quería volver conmigo o sólo se acercaba a orinar su soledad en mí. Aproveché la duda y desaparecí.

Con las otras tres transcurrió todo muy rápido. Claudia era una chava que vendía perfumes. Me excitaba su finísimo y delgado cuerpo. Era la chica con la que me hubiera comprometido. Resultó que tenía novio y estaba enamorada. Me dio entrada de cualquier forma, si hubiera insistido tal vez hubiera pasado algo. Pronto me decepcionó con su actitud de chica-segura-que-todo-lo-tiene-bajo-control. No insistí. La invité a una lectura de poesía. Me dejó plantado.

Aproveché también el detalle y no la busqué más.

Mayra me cayó bien, también tenía novio, pero salía conmigo. Le gustaba que le mostrara el lado sórdido de la ciudad. Jamás pensé en nada más allá de un buen momento. Tendí mis redes y medio se resistió. Me di cuenta de lo que hacía y tampoco insistí. Ya no la llamé. No quería andar con ella, era demasiado masculina para mis gustos en mujeres.

Laura había sido mi amante varios años atrás. Tampoco quería nada en serio con ella, pero me di la vuelta un tiempo para ver qué pasaba. Me acosté con ella y me convencí. Me la pasaba bien platicando, no cogiendo. No me gustaba. También me le desaparecí.

Me di cuenta de que la mujer que me tenía obsesionado era Paulina, aunque fuera solo una ilusión pagana. Sábado tras sábado la estuve buscando en La Rueda. Fracaso tras fracaso. Comencé a estudiar mis posibilidades. Si no era Paulina ¿quién más podía ser? Le eché el ojo a otra vestida, a Carlita, delgada y muy bonita, era impresionante verla, estudiarla y darse cuenta de que por ningún lado uno le encontraba el hombre que verdaderamente era.

"Qué bonita está esa jota", decían las otras vestidas en La Rueda. Siempre lo afirmé. Un sábado que me quedé solo estuve a punto de tirarle el pedo. La esperanza de ver a Paulina desaparecía. Estaba a un par de metros de mí, platicando con unos jotillos menores. Bien podía llegar a platicar y estoy seguro de que no me hubiera rechazado. No tenía nada que perder. Siempre la había visto sola, jamás con galán. David me habló en ese momento y ya no me le acerqué.

Mi opción b, era Kenia, una vestida con una imagen putísimamente deliciosa. Me gustaba su personaje. Su trasero era increíble, aunque por supuesto truqueado. El maquillaje extravagante la hacía lucir como una absoluta mujer fatal. Llevaba el rostro perfectamente maquillado, con el largo cabello en caireles. Usaba diadema de princesa, pestañas postizas, mascaba chicle y movía de forma obscena los labios carnosos aturdidos de labial. Todo el conjunto hacía de ella una verdadera perra.

Era amiga de Victoria, la prima de David. Me la presentó y quedamos en vernos un día entre semana para entrevistarla. Ella accedió. Kenia era una chavita y era puta, qué digo puta, putísima. Incluso cobraba. Fue la ganadora del Miss Gay Laguna 2005.

Esa hubiera sido una buena opción de no ser porque un día David me confesó que le gustaba. Por supuesto no le entendí, un gay y una vestida es como incesto, aunque los dos sean hombres y sean homosexuales. A ambos les gustan los hombres. No sé cómo era que a David le gustaba Kenia que no sólo era vestida, sino una zorra. No quise intervenir, además imaginé el beso que quería darle a Paulina.

Imaginé besando los labios de Kenia y lo primero que vino a mi mente era que me iba a saber a kilos y kilos de labial. Kenia era una verdadera vestida a base de maquillaje. Debajo de todo eso, quién sabe qué encontraría. Eso sería como besar un payaso.

Kenia era para verla, para masturbarse con su imagen, con su recuerdo, no para hacerlo con ella y sus mil artificios, debajo no iba a encontrar otra cosa que un chavito y feo, según dicen que es.

Mi opción C era Miranda. Esa hubiera estado de lujo. Su look era muy fashion. Delgada, bonita y sexy. Pude darme cuenta de que me gustaban esos jotillos jóvenes que lucen tan indefensos. La vi, me gustó y la dejé para después como una alternativa. Cuando me animé resultó que se había ido a Panamá a visitar a su papá. Decidí esperar.

Lo de Paulina era diferente, así que opté por esperar un sábado más. Si no la encontraba la siguiente vez, cambiaría mi estrategia. Dejaría de ir a La Rueda, seguiría escribiendo con imaginación. Me buscaría una novia de verdad, una que fuera mujer y no "más que mujer". Volvería al camino del bien, me reintegraría a la sociedad, y haría como que nada pasó.

Sí, cómo no. Ni yo me la creía.

TRAVESTIS, HIPERTELIA Y SÚPERMUJERES

Leo:

«La hipertelia es una extravagante palabra que debe sus orígenes a José Lezama Lima. Se refiere a todo exceso, a todo aquel organismo que rebasa sus propios límites, a todo aquel artefacto que desborda su propia función, a aquel movimiento que va más allá de su propio objetivo, al proyecto que supera su propia finalidad -dejando así de ser un proyecto y transformándose en un empuje, en una inercia, un empecinamiento. La Hipertelia es a final de cuentas otra palabra para designar al "monstruo".

La Hipertelia es un rasgo muy del barroco. Cuando un travesti se "viste", para ligar, para gustar, frecuentemente se encuentra y descubre incapaz de detener esa "dulce locura" de pintarse, dibujarse, corregirse, de construirse detallada y minuciosamente, de inventarse otro cuerpo. La acción rebasa el objetivo, y el resultado mismo rebasa los límites de la tolerabilidad.

Este exceso en la preocupación, éste empuje más correctivo que perfeccionista, como una fascinación suicida tendrá un desenlace fatal, la mayor de las veces, porque el travesti, aunque ese sea su objetivo, no va a clonar a una mujer para suplantarla: su femineidad va a superar a lo femenino. Esta femineidad más allá de lo femenino es lo que conocemos como "hipertelia", y es lo que delata a un travesti. Es lo que hace que aquello que había empezado como una negación de su sexo se convierta en su más perturbadora exhibición.

Ocultar al varón, borrarlo, desaparecerlo; dibujar encima de su cuerpo de hombre un cuerpo de mujer, hipertrofiar la femineidad hasta volverla perfectamente inverosímil, grotesca e incluso agresiva, no deja de ser paradójicamente, una forma de enfatizarlo, un modo de mostrar a ese macho que se somete y se deja.

Corregir y perfeccionar el cuerpo es sacar del más crudo archivo imaginario el cuerpo fragmentado, la dispersión original de piezas y partes que luego se unen no sin ostensibles y siempre frágiles artificios: un ojo más chico que otro, la nariz torciéndose ligeramente hacia un lado, un cuello muy corto, unas piernas muy largas; esto se entiende como una suma conflictiva, frágil y de mal gusto de ojos, cabello, labios, orejas. Esto es lo que, en definición, se considera un monstruo.

Extraña derivación de la sexualidad: los hormonales monumentos de la cultura de masas como la Cicciolina, Madonna, Martha Sánchez, Marilyn, o Susana Giménez, son en el sentido hipértélico: travestis. Todos estos organismos complejos resultan mutantes genéticos, imágenes sexuales nomádicas. Ahora, no necesariamente debe verificarse la deriva de un sexo a otro para que aparezca el barroco sexual. Los casos más simples pueden encontrarse en Raquel Welch, Liz Taylor, Joan Collins, Alejandra Pradón, Farrah Fawcett, Nacha Guevara, y otras que harían esta lista interminable.

Abonitarse o rejuvenecerse, agregarse o quitarse senos, afinarse la nariz, quitarse una costilla para enfatizar la cintura, endurecer las nalgas, almendrarse los ojos, todas estas son acciones hipertélicas o travestis de exageración corrompiendo nuestra naturaleza. De esta forma todos podemos ser travestis de una u otra forma, independientemente de la sexualidad y los deseos. No es posible no tomar al make up (en el sentido de maquillaje pero también de prótesis y de proceso de construcción o fabricación) como medida, sin importar que sea éste quirúrgico, o químico, o gimnástico, o de vestimenta, ya que la diferencia entre estos procedimientos es sólo de grados y no de naturaleza: la fabricación de un cuerpo puede eventualmente ser el mantenimiento del cuerpazo infernal que Dios nos dio (conservarlo póstumamente, homenajearlo y cuidarlo más allá de su ciclo biológico: rituales de limpieza y aseo del muerto).»

SERGIO ***

En una de las tantas redadas que se solían hacer en la Zona, Sonia fue a parar a la cárcel. Ahí fue donde conoció a Sergio ***. De inmediato se flecharon. Sonia se enamoró de él o al menos eso fue lo que pensó. Sergio estaba preso por un fraude en Banrural. Estaba guardado en la sección de "Los Considerados", parte de la cárcel dónde estaban los presos con mejores condiciones económicas. Estos, entre sus privilegios podían elegir a alguna mujer para que les fuera a hacer el aseo de la celda. Sergio siempre elegía a Sonia. Le gustaba su porte imponente, su elegancia y su actitud de desdén, como sólo las divas pueden tenerlo.

Sonia entraba y salía de la cárcel constantemente. A veces hacía algo a propósito para que la encerraran y así poder ver a Sergio. Algunas veces simplemente iba de visita sin necesidad de que la encerraran. En alguna ocasión fue acompañada de una amiga, Diana Barros.

Sergio sintió atracción por la amiga y le preguntó a Sonia si podía pedirla para visita conyugal. Sonia se sentía torpemente enamorada, y pensó que debido a ese gran amor que sentía por él, podía sacrificarse y permitirlo. Diana no dudó ni por Sergio ni por su amistad con Sonia. Accedió de inmediato.

A Sonia le caló en lo hondo, pero prefirió pensar que eso demostraba cuánto amaba a ese hombre. En esa relación nadie estaba enamorado. A Sergio le fascinaba el personaje de Sonia. A ella le atraía bastante, pero de eso a que fuera amor, nada.

Una de esas tantas noches en que Sonia se embriagó en la zona fue a parar nuevamente a la cárcel. Ahí conoció un cholo tatuado que se dio cuenta de la obsesión que tenía por Sergio.

Si quieres te tatúo su nombre.

¿A poco tú haces tatuajes?

A huevo, ira, éstos me los hice yo.

Y Sonia accedió a tatuarse el nombre de Sergio *** en la parte interior del muslo derecho, un lugar que no se viera a simple vista. Cuando se lo mostró a Sergio no le gustó, se sintió incómodo. Después cambió de parecer.

Sí me gusta el tatuaje, -le dijo a Sonia-, así marcamos en el rancho al ganado para que sepan que es de uno. Así si un día te me desapareces, todo mundo va a saber que eres mía.

Fue terrible la analogía de Sergio, pero en el corazón de Sonia surtió un efecto increíblemente amoroso.

EL ENCUENTRO DE SONIA CON SU HERMANO

Desde que llegó a la zona, Sonia no había regresado a su casa. La familia la buscó sin dar con ella, hasta que su hermano la encontró en el Molino Rojo.

Tal como sucedió con Francisco, Sonia estaba con un cliente cuando vio llegar a su hermano.

Permíteme papi, es de la casa, ahorita vengo, -le dijo a su cliente y fue a despachar a su hermano.

¿Qué quieres?

Mi mamá está preocupada por ti.

Pues dile que ya me encontraste y que estoy bien.

Pero, ve a la casa, para que te vea.

Mírame, -le dijo Sonia, dándose una vuelta para lucirse-, ¿crees que me parezco al que mi mamá conoce?

El hermano sólo la vio sin responderle.

Mira, ten este dinero, -le dijo su hermano.

Sonia se indignó.

No quiero tu dinero. Yo tengo. Gracias. A mí no me hace falta.

Y se lo regresó.

No, quédatelo. Es por si un día no tienes ganas de trabajar, o si te quieres comprar algo.

Sonia volvió a agarrar el dinero. Se despidió y se fue. El hermano se quedó ahí bebiendo. Todavía otra vestida llegó con Sonia para preguntarle por ese muchacho.

¿Y ese guapote quién es? –le preguntó.

Pues ya vez, y mira hasta me dio dinero y por nada.

Sonia sólo se rio. No le dijo que se trataba de su hermano.

Se quiso hacer la fuerte, pero en el fondo se sentía mal de saber que su hermano la así trabajar.

REENCUENTRO CON PAULINA

Llegué a "La Rueda" el sábado con poema en mano. No tardé mucho en encontrarla. Estaba cerca de la pista y los baños. Iba más guapa que la primera vez. Llevaba un pescador de mezclilla azul, un top igual al anterior, pero el cabello rojo suelto, ahora con dos delgadas colitas en la cabeza que la hacían verse además de coqueta, putísima. Me excité. Estaba con una amiga y bailándole a un tipo sentado que le manoseaba las nalgas, traía una rosa en la mano.

De pronto me molestó ver que Paulina estaba ahí bailando cachondamente para otro. Sabía que yo había sido exactamente nada para ella. Estaba seguro de que ni se acordaba de mí. Podía coquetear con cualquiera, no importaba con quien, ella iba a divertirse, no a enamorarse. Tuve miedo de mí. Me sentí un pendejo con el poema en la mano. Fui hacia el baño y pasé a un lado de ella. De regreso me le quedé viendo fijamente a los ojos.

Me vio, se dio cuenta de cómo la vi. Mi mirada era un reto. No le hablé, me seguí derecho hacia David. Me preguntó si me había visto. Le dije que sí. Estaba seguro de que así había sido. No sé si ella entendió lo que le quise decir, pero sabía que algo hubo.

No tardó mucho en llegar Paulina a donde estábamos David y yo, cerca de la barra. No llegó directamente. Se quedó a unos metros de distancia. David se fue para dejarnos solos. Me dirigí a Paulina. Cuando llegué ya dos tipos la estaban abordando. Los despachó de inmediato, me dio prioridad. No sabía ni quién era yo. Le dije que le había llevado lo prometido. Me lo pidió sin saber de qué se trataba.

No sabes qué es, ¿verdad?

Ay, no, es que la otra vez andaba muy borracha.

Es un poema, ten.

Gracias, lo voy a guardar. Mañana lo leo.

Léelo de una vez.

Es que aquí no hay mucha luz.

Léelo ya.

El poema era de tres cuartillas, así que tardó en terminarlo. A duras penas las vestidas saben leer, ¿y poesía? Está cabrón pedir que lo asimilen pronto, pero, en fin. Cuando lo terminó me dio las gracias y dijo que al día siguiente lo leería con más atención.

¿Quieres una cerveza? –le pregunté

Y así comenzó todo. Desde ese momento ya no nos separamos. Me habló de su "exmarido". Le pregunté por qué me había dejado plantado y me di cuenta de que para ella no había existido tal acuerdo. Para ella eso había sido irrelevante. En ningún momento pensó en mí, así como yo no había dejado de hacerlo.

Le concedí el perdón pues ya estaba ahí conmigo y no me pensaba separar. Se lo dije. Le gustó. Bailamos la misma canción varias veces. Me besó. Estuvimos juntos todo el tiempo. Regaló todos mis cigarros. David de vez en cuando se nos acercaba. Se la presenté.

Ya tengo pareja, -dijo David, y se fue.

De rato regresó para decirnos que ya había terminado.

Esa jota es una loca, -me dijo Paulina.

Sí, así es ella.

Qué bárbara.

Iban a ser las tres de la mañana. Cada uno andaba con su cada cual. Paulina y yo seguíamos juntos. Era buena señal. Paulina bailaba conmigo, me daba la espalda y me restregaba el trasero en la verga. Hacía que se me parara. Me cachondeaba a su antojo.

Paulina, ya es tarde.

¿Quieres que ya nos vayamos a dormir?

Vámonos. –le dije.

Me tomó de la mano y me condujo a la salida. No nos despedimos ni de sus amigas ni de David. Nos fuimos sin avisar. Cuando salimos, Paulina iba hacia el boulevard Revolución para conseguir un taxi. La detuve, yo traía mi carro que estaba estacionado afuera de la farmacia Guadalajara.

¿A tu casa o a la mía? –me preguntó Paulina.

A donde quieras.

A la tuya, y después me llevas a la mía, sirve que sabes dónde vivo.

Ok.

¿Qué carajos estaba haciendo? ¿O qué chingados iba a hacer? Paulina, obviamente no iba a mi casa a jugar a las canicas. Ella iba dispuesta a coger, ¿a qué más, si no a eso?

¿Estaba yo dispuesto a llegar a tanto? Un beso y un faje era una cosa, ya coger era otra cosa. Todo era mi culpa, ¿para qué me metía en eso? Ahora no me podía echar para atrás.

Cuando llegamos a la casa Paulina estaba caliente. Yo muy tenso. Fajamos un rato en la sala. Por la incomodidad subimos a la recámara. De inmediato me desnudó. Ella trató de hacerme el rato placentero. No se desnudaba completamente para no evidenciar el acto de que no era mujer sino hombre. Aunque siempre lo supe, para ella era incómodo el que la viera desnuda. De hecho, no quería amanecer conmigo para no verla a la luz del día y permitir que me arrepintiera.

Esta noche voy a ser tuya, y todas las que quieras, me dijo.

Cogimos. No. Miento. Ella me cogió a mí, si tomamos en cuenta quién llevó siempre la iniciativa.

Yo estaba nervioso, Paulina caliente. Mientras lo hacíamos sonó mi celular. No contesté, sabía que era David, de quien no me había despedido. El palo no fue tan sencillo. Acostumbrado a la lubricación de las vaginas, batallé en entrar. Paulina se tuvo que ensalivar el ano varias veces. Como pude logré entrar.

Me gustó el jadeo, la cooperación, y la postura. Estaba completamente sometida a mí. Ese cuerpecito, en efecto, fue mío. Una vez que estuve dentro de ella todo fue más fácil, como cualquier penetración. El ano dilatado me dejaba entrar a mi antojo. Para ser mi primera vez con una vestida no me fue tan mal, un ocho, ni bien ni mal.

Seguimos platicando un rato acostados, desnudos, ella semidesnuda, yo desnudo por completo. Hubo un momento en que se quedó dormida. La desperté para llevarla a su casa. Iban a ser las seis de la mañana. Afuera de su casa vendían menudo para los que andan de amanecida. Paulina todavía se quedó platicando. Quedé en buscarla a las seis de la tarde. Ya no pensaba dejarla ir nunca. Me había enganchado.

MIMETISMO SEXUAL

Sigo leyendo:

La clave del maquillaje precisamente es solidarizar dos acciones contradictorias: exhibir y esconder. Óscar Wilde observaba que el maquillaje había cambiado dramáticamente de signo en poco tiempo: había dejado de ser aquel recurso que enfatizaba y subrayaba "el esprit" o la belleza, para convertirse en aquello que oculta, disimula o disminuye la imperfección, la fealdad, la vejez (la misma idea moderna de perfección es esencialmente negativa: tiene menos que ver con ornatos, agregados y suplementos, que con mutilaciones, recortes, pulimentos). Esto es importante pero no es decisivo.

No solamente en el sentido un poco trivial de que exhibir algo es siempre una modalidad oblicua de ocultar otro algo, sino porque los afeites, el maquillaje y los recursos del mimetismo sexual parecen estar destinados a cobrar vida propia.

A fin de cuentas, en Liz Taylor o en Alejandra Pradón siempre va a haber un cuerpo de mujer dibujado sobre un cuerpo de mujer, o una cara de mujer (joven) dibujada sobre una cara de mujer (vieja) -son casos de lo que podría llamarse homo-travestismo, una metamorfosis sexual donde no se verifica la transexualidad pero que es tan enfática como ésta: ¿importa acaso el sexo original desde el cual parte el travesti? ¿o importan más bien el énfasis, el dibujo, el makeup, el proceso de hacerse?

Marta Sánchez, Marilyn. El cuerpo de una supermujer ha sido fabricado debajo de la cara beata y bonita de una niña boba -o al revés, la cara ha sido fabricada sobre un cuerpo.

En cualquier caso, un ser asexuado y uno sexuado se unen y se mezclan para componer un monstruo deslumbrante, un barroco hipersexuado, teatral.

En Madonna por ejemplo un cuerpo de hombre se va dibujando lentamente sobre un cuerpo de mujer.

La obtención de la hipersexualidad pasa por una progresiva desfeminización del cuerpo, o mejor, por su progresiva masculinización. Es el mismo movimiento hipertélico del travesti clásico (heterotravestismo), la misma inercia, pero con una inversión de su sentido: no hay una tachadura de la mujer detrás del cuerpo macizo, rellenado (con sus agujeros tapados) y musculado del varón, sino la exhibición paradojal de una femineidad que no es solamente fálica sino sádica y carnívora: la mujer que pega, que somete y humilla y penetra, la imposible erección femenina, la imposible erección perpetua (los recursos enfáticos, siempre obvios, característica del barroco: recuerdo los picos, duros y filosos, del corpiño metálico de Madonna).

La cultura televisiva está llena de organismos interesantes, en ese sentido. Azúcar Moreno: textos eróticos y provocativos cantados, a una sola voz, con una sola enorme boca, por Antonia y Encarnación, las siamesas del placer, la bizarra gitana doble. Sueño realizado no sólo de una supermujer, sino de una estéreo mujer, una sirena especularizada, un doble de cuerpo por gracia de una magia genética, una especie de partenogénesis coreográfica.

SONIA REGRESA A CASA

El regreso de Sonia a su casa fue algo no planeado. Completamente ebria y empastillada, una noche sintió que se le cansó el caballo. Tomó un taxi y se fue de la zona. Llegó a la casa. Su mamá estaba afuera con unas amigas. Sonia buscaba las llaves cuando su madre se le acercó para preguntarle qué deseaba. No la reconoció. Ahí se le borró el casete a Sonia.

Cuando despertó no sabía dónde estaba. Lo primero que pensó fue que estaba todavía en la zona, en alguna cantina. Prendió la luz y se dio cuenta de que estaba en casa de su mamá. Sintió miedo. Se vio aún vestida y maquillada. No supo cómo había llegado ahí, ni por qué. Se volvió a dormir.

Cuando se levantó en la mañana su mamá estaba molesta y avergonzada. Su madre no la había visto nunca vestida de mujer, esa fue la primera vez. Lo que más le apenaba era que las vecinas se habían dado cuenta. No le gustó la idea de que se vistiera de mujer. La hermana de Sonia llegó a la casa y su mamá la puso al tanto.

Mira éste, que anoche llegó y vestido de mujer.

Mamá, déjelo, así es feliz él.

Pero es que, qué vergüenza, yo estaba afuera con las vecinas...

Bueno y ¿cómo se veía?

Ay hija, mira, mi mismo retrato cuando yo era joven.

Con el paso de los días la mamá de Sonia lo superó. Finalmente le daba gusto tener a su hijo de vuelta en el hogar.

Esa fue la temporada en la que Sonia quiso retomar el camino. La mandaban los fines de semana a Durango con una tía a desintoxicarse. Allá en Durango fue donde conoció al "Gringo".

Aquel que sería su marido durante varios años, pero esa es una historia para más delante.

DAVID

Faltan cinco minutos para las nueve de la noche. Estoy en la entrada del Canal de la Perla ubicada en la calle Cepeda, donde quedé en encontrarme con David. Hay un vagabundo tirado afuera del Scotiabank, sólo viste un pantalón mugroso, sin zapatos ni camisa, usa dos botellas vacías como almohada. Hay dos jotillas sentadas en los escalones del banco, como que esperan a alguien, un mayate, tal vez.

Una chava muy guapa pasea a una niña. La luna está en cuarto creciente, lo que augura una noche demencial. En la Plaza de Armas está a todo lo que da el acostumbrado baile popular. A la distancia sólo se ve una masa uniforme de sombreros que suben y bajan, y van de un lado a otro siguiendo la música.

Tres ebrios descamisados salen al balcón de un cuarto del Hotel Galicia con caguama en mano y saludan a alguien con gritos. Definitivamente la noche promete.

David llega corriendo a las nueve en punto, tal como quedó. Vamos a ir a La Rueda, me va a llevar a explorar el mundo de las Vestidas. Cruzamos la Plaza de Armas y cuando pasamos por los baños públicos me dice que ese es un lugar de encuentro con mayates. Tipos que sólo están parados ahí haciéndose pendejos hasta que llega un maricón a solicitar sus servicios.

La Plaza de Armas, la avenida Morelos y la Alianza, son lo que rescatan a Torreón del tedio y el aburrimiento. Andar por ahí de madrugada nos revela otra realidad de la ciudad. Los mayates, los homosexuales, las prostitutas, las vestidas, los policías, los autos que dan vueltas para ver a quien levantan; todo ese mundo tiene sus propias reglas, sus códigos, que David me muestra.

En el camino, David me cuenta que la noche anterior se encontró un chavo de dieciocho años parado en una esquina.

Y ¿tú qué? -le preguntó David.

Nada, voy a mi casa, pero no traigo dinero para el taxi.

Y ¿qué, sí jalas?

Simón.

¿Cuánto?

No sé, es la primera vez que lo hago. Dame cincuenta pesos.

Todos dicen lo mismo, Oscar, -me dice David. Siempre se hacen como que es la primera vez, pero nunca les creo.

Y ¿qué incluye?

Pues... unas mamadas.

Tienes dónde, yo no tengo.

Yo tengo un lugar secreto en un edificio arruinado.

Pues ¿no que era su primera vez? ¿Ya ves? hasta dónde coger tenía, -me dijo.

Bueno y ¿si quiero coger?

No pos dame doscientos.

¡A chinga! Te doy cien si quieres.

Bueno.

Pero te voy a coger yo a ti.

Nel, yo no le hago a eso. Yo no soy puto.

No, si yo tampoco. En Torreón nadie es puto. Todos somos bien hombres.

...

¿No, pues?

...

Ten, ahí te van veinte pesos para tu taxi, ya vete.

Y me fui, Oscar, ya no me lo cogí. Tenía dieciocho años. ¿Para qué se hacen pendejos? Bien que les gusta, pero se hacen güeyes. Yo por eso siempre les salgo con que estoy casado y tengo dos niñas.

Les digo, mira a mí tampoco me conviene que se sepa. Y es el modo como caen. Vas a ver pinche Óscar, ahorita que lleguemos a La Rueda, ahí sí es otro pedo. No, no sabes, yo la primera vez que fui dije: de aquí soy. Y ya no voy a otro lado.

¿Cómo estuvo lo que me contaste de los baños del mercado Juárez? le pregunto.

Ah, mira, entré a cagar. Pagué mis dos pesitos y me metí. Estaba cagando y otros güeyes se metieron detrás de mí. Se estaban asomando por una rendija, yo les echaba agua. Ya cuando acabé, salí, y estaba un cholito ahí que vende camisetas. Le dije: pásale. El cholito se metió al baño, se sacó la verga y me la empezó a enseñar. Quería que se la mamara. No traigo dinero, le dije. Quería veinte varos. Sí se hace, pero no te voy a dar nada. Dijo que estaba bien, y se la mamé ahí mero. Es que los baños públicos son el lugar de encuentro. Todos, los del mercado, los de la Plaza de Armas, los de las Sorianas, en el cine 2001, ahí está todo el mayaterío. Ahí va uno a conectar. Yo ahí he agarrado varios.

Órale.

En nuestro recorrido primero llegamos al París. Dejamos el carro afuera de la farmacia Guadalajara por la iluminación. El París está a la vuelta de la Plaza de Armas por la Zaragoza.

Aquí dejan sus carros todos los rucos que van al París, piche Oscar, según esto para disimular. Es que en el París van puros rucos gays casados que tienen familias y trabajos chidos. Hay doctores, licenciados, ingenieros. Ahí está más calmado, pero vamos para que conozcas.

Entramos y en una tele estaba el futbol y en otra, una película porno, no gay. La disimulan. Parece una cantina normal, pero no. ¿Los rucos? ninguno parece gay, pero todos son.

De repente llega uno que otro chavo que sí tiene toda la pinta de maricón, pero los rucos se ven muy hombres.

Aquí en la noche, cuando cierran, Oscar, el dueño junta a sus chavitos y andan todos encuerados pisteando; a mí me tocó una vez estar. Pero, de a madre, cabrón, neta, para tu novela no te va a faltar material. Torreón está lleno de putos.

En la plática hablamos de las "pedas", de cómo nos poníamos a veces y las estupideces que hicimos. Me contó de la vez que en una fiesta que se puso hasta la madre. Era su primera fiesta gay. Se puso pedísimo y de pronto llegaron tres putos y lo subieron a un cuarto y entre los tres se le cogieron.

Dijo que hubo un momento en que nada más veía vergas por todos lados. Sus primeras veces. Luego me contó de otra fiesta en Gómez Palacio, en la colonia Felipe Ángeles.

Yo ni sabía que existía esa pinche colonia, dijo David. También andaba bien pedo.

Me salí de la casa y vi que había en la esquina un montón de cholos. Se me hizo fácil ir a pedirles mota. Un pinche cholo, negrote como de uno ochenta, mamado, me dijo que no tenían pero que él me conseguía. Le pedí veinte pesos, y me dijo que nomás me conseguía de cien para arriba. Le dije que no. Luego me dijo el cholo:

¿Qué, quieres que te coja?

Simón, le contesté.

Está bien, espérame a la vuelta.

Nos vimos en un parquecillo que sólo tenía tres árboles y unas bancas. Ahí se la empecé a mamar, pero estaban pasando muchas patrullas. El cholo me dijo que nos fuéramos a otro lado antes de que hubiera pedo. Me llevó a la azotea de una caseta de policía abandonada. Estaba toda llena de vidrios. El cholo se encueró ahí, estaba bien mamado, fuerte, grandote. Y fíjate, luego me dijo:

Chúpame la cola.

¿Qué?

Quiero que me chupes la cola.

¿De jodido te bañaste?

Nel.

Bueno, ni pedo.

Le empecé a chupar la cola y después me dijo que me lo cogiera. Pinche cholote, si son bien putos los güeyes, nomás que se hacen. Me lo estaba cogiendo y de repente empezaron a aventar piedras.

¿Qué pedo? Pregunté.

Son mis compas

Pues diles que no mamen, que dejen de tirar

En eso el pinche cholo se levanta, agarra un vidrio y me lo pone en el cuello.

Ya no te hagas pendejo, me dijo, presta toda la lana que traigas.

No mames, no traigo nada. Búscale en los pantalones para que veas que no traigo dinero.

En el momento fue cuando me cayó el veinte. ¿Pues qué chingados estaba haciendo? pensé, pues si me va a cargar la chingada aquí, qué forma de morir tan poco digna, pero ni pedo. En ese momento no me asusté, no perdí la calma.

Y luego ¿qué les digo? -me preguntó el cholo. Van a decir que soy puto, que nomás te traje a coger.

Pues diles que no traigo lana. Y es más, mira conmigo te conviene portarte chido.

Tengo buen jale, en el gobierno, me pagan bien. Déjame ir y yo luego te aliviano chidote.

Ta'bueno pues, pero mámame la verga

Y pues se la seguí mamando ahí en la azotea. Ya estaba saliendo el sol y nosotros ahí en pelotas.

Ira, dijo el cholo, ya te saco, si no me cumples con la lana te va a cargar la verga, neta.

Sí, güey, ya te dije que sí.

Pinche cholo pendejo, habíamos quedado en vernos ese día en la feria de Gómez en la noche.

A huevo que no iba a ir. De aquí a que me encontrara iba a estar bien cabrón. Todavía le tumbé veinte pesos para el taxi. Le dije que también se los pagaba en la noche. Me los dio y me fui.

Cuando terminó la anécdota, pagamos y nos fuimos mejor a La Rueda. El París estaba muy calmado.

¡SANTA PATRONA DE LOS TRAVESTIS!

Enciendo la televisión:

I. LA PASIÓN

¡SANTA PATRONA DE LOS TRAVESTIS! - fue lo único que pudo decir al sentir el intenso dolor que producían las balas al entrar en su pecho, quemando y rasgando los suaves tejidos de su cuerpo. Intensificaba más su agonía la rara sensación de percibir cómo sus implantes se vaciaban, dejándole dos cueros aguados, en lugar de lo que un día habían sido la envidia de todos los transexuales de la quinta avenida.

"¡A la gran puta! Tanto dar el culo y todo en balde... ni voy a lucir las tetas en el funeral... ¿Por qué no me dio en la verga? ...eso sí quería quitármelo... pero... no...", pensó mientras estaba tirado en el suelo, viendo como la poza de sangre mezclada con el silicón de sus implantes se iba deslizando al seguir el declive de la calle, formando un riachuelo que le propició el último sonido que escucharía antes de morir.

Lo cual le hizo evocar el recuerdo de su imagen reflejada en el espejo del sucio cuarto de puta en donde vivía, al lavarse los dientes después de una larga jornada de trabajo para limpiarse el semen de múltiples cerotes de entre los dientes para que no se le pudriera su linda sonrisa, mientras el agua café por él oxido de las viejas tuberías caía al lavamanos, haciendo el mismo sonido que el que hacía su sangre ahora al caer en la reposadera llena de meados de borrachos, cagadas de indigentes y bolsas de McDonalds.

La turba de cristianos que había ido con la sagrada misión de asesinar al maldito blasfemo, viendo al hueco pisado tendido en la calle, tiró al suelo la caja de madera que usaba como tarima para poner a la venta

sus estampas religiosas y los folletos doctrinarios de la nueva religión, uno de los miembros del Cuerpo de Cristo (entiéndase uno de los furioso linchadores) le echó gasolina al material subversivo, otro hermano (entiéndase otro linchador igualmente enajenado de furia) le tiro un fosforazo purificando con el fuego los sacrilegios escritos en esos papeles.

El sacerdote que los guiaba guardó entre su sotana el revolver al darse cuenta de que ya le había descargado todos los tiros al maldito hereje... maldito sólo por ser hereje y no travesti, pues el sacerdote sabía muy bien que a veces todos los hombres tenían la necesidad de sentir el calor en sus piernas que unas pantis proporcionan, o la seguridad que un calzón de seda le da a la persona al sentirlo rozar la piel de su flácido pene jalado hacia atrás, tal como el calzón rojo de encajes que llevaba en ese momento bajo su sotana negra, larga y sepulcral.

Al irse la congregación de santos penitentes (entiéndase turba linchadora), la gente se acercó a ver el cuerpo bañado en sangre, todavía jadeaba débilmente, oyéndose como se estaba ahogando con su propia sangre pues había quedado boca arriba; pero nadie quería tocarlo pues a pesar de estar todo ensangrentado se podía ver que era un hombre ya algo viejo vestido de vieja, o más bien dicho, de puta barata, lo que indicaba que no era más que un hueco sidoso. Hasta que un borracho todo mugroso y hecho mierda se le acerco trastabillando al ver al morro haciendo gárgaras con su propia sangre y riéndose por lo chistoso de la escena.

(Visualice el lector después de haber tomado media botella de alcohol de farmacia diluido con un poco de agua sucia, extraída de la cubeta de algún lava carros del centro, a una pisada que se parece a Madonna sólo que más vieja y acabada, tirada en la calle toda ensangrentada, con una pierna torcida hacia la cadera pues uno de sus tacones se trabó en la alcantarilla en donde su sangre y silicón caían, con la peluca canche de pelo largo al lado de su cabeza pelona en el centro con solamente un poco de pelo en los lados sobre la nuca y las orejas, como un samurai de una película de Kurosawa,

o un abogado gordo y alcohólico, de esos que uno se encuentra en la torre de tribunales; con la minifalda levantada ensañando unas piernas algo secas y musculosas, pero pasables y al subir la vista a su ropa íntima justo debajo del encaje un bulto tan grande que denotaba una verga y unos huevos que podrían ser la envidia de todos los levantadores de pesas en el centro olímpico... ¡JE!...

¿qué ironía no? además un top de cuero que le quedaba aguado, pues en lugar de unos pechos copa D tenía dos pellejos desinflados. ¿Ahora si se le ve lo chistoso?... bueno, que pisados, sigamos.)

El bolo riéndose se acercó al infeliz, para ayudarle a sacarse la sangre de la boca y que pudiera respirar, le ladeó la cabeza con la punta de su asqueroso zapato. Dejándole una mancha negra de caca de perro en la mejilla del travesti, pero que para efectos de eficiencia cumplió muy bien con su cometido, pues la sangre que tenía en la boca le salió derramándose en la calle... pero ya no respiró... el hueco había muerto.

II.	LA REVELACIÓN

1. Un domingo en la noche volví temprano a mi cuarto porque había empezado a llover y bajo la lluvia nadie o casi nadie busca sexo, como si una cosa tuviera que ver con la otra. No sabía entonces que hasta esa lluvia a la que maldije estaba dispuesta por los designios de Dios, cuyos caminos son insondables. Al regresar prendí la televisión y me puse a buscar algo que me gustara, de repente vi que estaba empezando un programa sobre las manifestaciones de la Virgen María.

11. Me quede un rato viéndolo, pero me empezaron a dar miedo las profecías del fin del mundo y los "arrepiéntanse pecadores pues el crujir de dientes esta próximo...". No se imaginan la impresión de desamparo que estos sermones pueden producir en un travesti, y puto por añadidura, me imagino que debe de ser similar que en los drogadictos, alcohólicos,

o cualquiera de los que conformamos la categoría socialmente denominada como escoria social. Iba a cambiar de canal cuando enseñaron una estatua de la Virgen que lloraba sangre.

22. "¡Oh, Dios!" dije al ver que a la imagen de piedra le estaban brotando gotas de sangre de los lagrimales. Me estremeció tanto el contemplar estas imágenes que me tiré al piso invocando el perdón de Dios por ser un pecador, un maldito homosexual que vende su cuerpo y pretende ser lo que no es, aunque esto sea lo que más desee en el mundo, complaciéndose y consintiendo en su completa perversión. Le prometí a Dios dejar de querer ser mujer, pues me había hecho hombre. Empecé a restregarme la cara desesperadamente tratando de quitarme el maquillaje de los ojos; cuando de pronto oí entre mis sollozos algo que me dejó en silencio tratando de entender lo que habían dicho en la televisión: "Las pruebas de sangre revelaron que esta sí era sangre humana, pero era sangre masculina."

33. Poco a poco fui entendiendo, hasta que por fin comprendí lo que esta revelación indicaba, lo cual me invadió de gozo. El Espíritu Santo entró en mí para revelarme su mensaje. La Virgen María no era más que un travesti, la elegida de Dios era un transexual como también yo lo era. Toda mi vida se me había dicho que no era más que una escoria pecaminosa, pero esto no era más que los engaños que el enemigo Satanás ejerce sobre todo el mundo. Lo que es llamado perdición es en realidad la salvación, el pecado se convierte en la virtud por la gracia divina. Poco a poco fui descubriendo la verdad a medida que Dios me quitaba la venda que la sociedad me había puesto sobre los ojos para que no pudiera descubrir la realidad.

44. Varias semanas pasé pensando diversas cosas y las fui comprendiendo, como por qué Jesucristo sólo había tenido apóstoles y no quería a las mujeres a su lado, siguiendo el ejemplo de su virtuoso padre José, el cual se había casado con un travesti que se llamaba María; era por la misma razón por la que el pato Donald nunca se casa con Daisy, pues para que quiera una pata hembra, si tiene a los tres sobrinos varones; o la verdadera naturaleza homosexual y pedofílica de la Trinidad, pues del gran amor del Padre por el Hijo surge el Espíritu Santo, fruto de la relación de ambos seres masculinos. Toda la creación se abría ahora para que la leyera y la interpretara a través de mi mirada travesti, desentrañando la verdadera belleza oculta de todo el universo creado por un Dios homosexual.

III.   LA CANONIZACIÓN

Y ahora con ustedes la sección de noticias internacionales, gracias al gentil patrocinio de "Nirvana"©, los únicos cigarros de marihuana con matadora incorporada. Muy buenas noches…

A diez años de la muerte del fundador o mejor dicho fundadora, de la "Iglesia Universal de la Transexualidad", se ha organizado una gran cantidad de homenajes conmemorando el asesinato del más famoso travesti de la historia, René Leonel Villatoro, conocida como la Shakira.

Aunque los ataques a esta nueva religión no han cedido en su intensidad y frecuencia, ya son quinientas sesenta y tres iglesias que se han establecido a nivel mundial, estando su cede en el estado independiente de "Sodoma" en la ciudad de San Francisco, el Sumo Jerarca Travesti, llamado Lucí I, ha declarado un jubileo por haber canonizado al Shakiro, como el primero de los Santos Mártires que han muerto al difundir las enseñanzas del único y verdadero Dios-Homo. Las estatuas del ahora San Shakiro serán llevadas a los altares de todas las Iglesias de esta denominación religiosa, siendo puestas en uno de los muros laterales, pues en el frente sobre el altar en todas las iglesias esta la imagen del Padre teniendo relaciones sexuales con el Hijo y emanando de ambos el Espíritu Santo en la forma de una eyaculación facial.

Para este magno evento se han dispuesto hacer procesiones con la imagen del Santo, una estatua de dos metros recostado en un poste de luz con sus tacones altos, su minifalda de cuero y la mano en la cintura en una pose provocativa, pues según la Santa Sede esto resalta su devota entrega al servicio de la prostitución travestista. El anda será llevada en hombros solamente por hombres vestidos de mujer, aunque se permitirá que los cargadores no usen tacones.

Una candela especial con forma de un falo venoso se hizo para la alabanza del nuevo Santo, la cual está hecha de condones reciclados; pues según el Santo Padre esta oblación complacerá más al Dios-Homo, pues es el humo de la protección que sus hijos verdaderos usan al tener relaciones homosexuales, para no contagiarse del virus creado por la sociedad corrompida heterosexual para acabar con el pueblo del Señor, conocido como SIDA.

Y sin otra información por el momento se despide de ustedes Estuardo Prado, esperándolos para la emisión nocturna de este noticiero a las 22:00 horas. Muchas gracias por su atención y hasta luego. Click…

ESA ES LA MUJER DE LA QUE YO ME ENAMORÉ

Sonia llegó a Durango con su tía. Ahí no se vestía de mujer, iba como hombre. Intentaba dejar a un lado ese personaje llamado Sonia. Un día salió a pasear con unas amigas por la calle 20 de noviembre. Vieron a cuatro chicos en una camioneta, y de inmediato les gustaron. Eran rancheros, sombrerudos, vestían ropa vaquera, eran estudiantes. Dos de esos chicos eran gemelos.

Somos de Santa Marina, Durango. –dijo uno de ellos.

¿De veras? Y ¿no conocen a Sergio ***, de Rodeo, Durango? -Le preguntó Sonia.

Es mi carnal, -respondió uno de los gemelos.

¿Es uno que está preso en Torreón por un fraude en Banrural? –siguió preguntando ella.

Estaba, ya salió.

Yo lo conocí ahí, en Torreón. Si lo ven, díganle que me conocen, tengo ganas de verlo.

Sí, seguido viene. Es que tenemos una gasolinera y viene a darnos para los gastos.

Así quedó la charla. Después de unos días, los gemelos le comentaron a Sergio que habían conocido a Sonia. A Sergio le dio gusto la noticia, pero no comentó nada sobre su relación con ella. Además, los gemelos habían conocido a Sonia no como mujer sino como hombre. Concertaron la cita y se dio el reencuentro. A Sergio le dio mucho gusto volver a ver a Sonia, pero se frenó cuando vio que no iba vestida de mujer, era como si fuera otra persona con la que se encontraba.

Y ¿dónde está esa muchacha bonita que a mí me gustó? –le preguntó Sergio.

Esa muchacha ya pertenece al pasado.

Sergio la invitó a salir bajo una condición: que fuera vestida de mujer.

¿Ya no tienes nada de la ropa que te ponías?

No, aquí ya no.

Y ¿no podrás conseguir nada?

Pues déjame ver qué consigo para la noche.

"Déjame ver qué consigo". Eso lo dijo como si le fuera a ser muy difícil la tarea, cuando sabía que de inmediato se las arreglaría. Sonia se moría de ganas por resurgir, cualquier pretexto era bueno. De inmediato fue con sus amigas que le prestaron ropa y maquillaje.

Ese día se fueron a un hotel de la calle Negrete a beber. Sonia llegó de hombre con sus cosas en una bolsa de Soriana. Entraron y Sonia se encerró en el baño para arreglarse. No dejó que Sergio la viera realizar su transformación. Como toda novia, no dejó que la viera hasta que estuviera lista. Al salir del baño, otra vez era Sonia, la de antes. Se vistió con una blusa de rayas rojas, con tres holanes en las mangas y uno grande cruzado en el frente. Se recogió el cabello y uso una trenza postiza. Uso arracadas grandes de fantasía. Una falda blanca, recta, y zapatos blancos de tacón. Usó también muchas pulseras de fantasía. Como calzaba del cuatro, no tuvo mucho problema para conseguir zapatos de su número.

Esa es la mujer de la que yo me enamoré, le dijo Sergio.

Le encantaba verla, admirarla. Le pedía que caminara por la habitación para desmenuzarla, volvérsela a grabar en la mente, así como la conocía, como Sonia, esa diva encarnada que lo enloquecía. Esa noche bailaron, bebieron y fue la única vez que tuvieron sexo, todo debido al calor de la noche que acompañaron con una botella de Ron Huasteco.

Después ya no hubo mucha historia entre ambos, Sonia tenía que regresar a Torreón a volver a intentar sepultar su personaje. Sergio, obviamente no pensaba quedarse con ella.

BORDERLINE

Mi relación con Paulina no iba a ser sencilla, y lo supe desde siempre. Fuera lo que fuera y aunque nos lleváramos bien, aunque me inspirara ternura, ella no dejaba de ser un bórder. Las advertencias estaban puestas desde el principio. A Paulina le gustaba beber, bailar y divertirse, le gustaba imponerse, no le gustaba que le dijeran cómo comportarse. Yo no quería cambiarla, pero sí me hubiera gustado sacarla un poco de la sordidez.

Estaba dispuesto a darle una mejor vida, darle el amor que le habían negado, pero para ella eso no significaba nada. Pronto me di cuenta de eso. Ella era sino feliz, estaba satisfecha con su vida, así como estaba. Yo sabía que más tarde lo lamentaría, que me iba a obsesionar y que las cosas no iban a terminar bien para ninguno de los dos. Pero finalmente yo también era un bórder, por eso atraía a ese tipo de monstruos.

Lo supe desde la primera vez que nos fuimos juntos. Lo supe cuando la vi de nuevo y la encontré bailando mientras le agarraban las nalgas, cuando no me recordaba. A Paulina le gustaban las aventuras, era una loca, una friki, y yo definitivamente no me quedaba atrás, yo bien podía enseñarle unas cuantas cosas. Poeta, al fin y al cabo.

Una noche, en su casa, me confesó que me iba a mandar al carajo después de la primera vez que cogimos. El domingo posterior estuvo pensando en mí y lo tenía decidido, simplemente me iba a decir que no volviera más, que lo dejáramos así. Paulina no se quería comprometer. El rato había sido bueno, pero hasta ahí. Para mi fortuna o mi desgracia, no lo hizo. Cuando me vio llegar a su casa me dejó pasar y todo continuó.

Un bórder siempre va a tomar decisiones que la conduzcan hacia la desdicha, al dolor; cuando se les presenta una forma de salvación la rechazan, le huyen. Sólo en el sufrimiento y el dolor se sienten vivos.

Yo no iba a poder con eso, sostener una relación con alguien que todo el tiempo corre tras la desdicha. Suficiente trabajo tengo conmigo como para cargar con la de ella, el trabajo iba a ser doble. El éxito de la relación iba a recaer en mí.

Un viernes, me llamó para decirme que de pronto le había salido un show, un show travesti. No me invitó. Sólo me llamó para decirme que no iba a estar en su casa, que llegando me llamaba. Ese día estuve aburrido pensando en ella, el hecho de que me cancelara me arruinó todo el día. Yo no había hecho ningún plan. Además, como todo idiota me quedé esperando su llamada. Sabía que no me llamaría, que estando en la fiesta se olvidaría por completo de mí. Quedó en llamarme a las diez, me dormí a la una y Paulina no había llamado.

Su mundo la atrapaba, no podía dejarlo simplemente atrás para estar conmigo. Lo que no me gustó fue que no me invitara. Yo no le prohibía nada, no quería cambiarla, no quería que dejara de ser lo que era, de hecho, me gustaba así, pero ¿con qué carajo derecho me prohibía su mundo?

En teoría las cosas se iban a formalizar. Me iba a presentar a su familia y yo sin el menor problema había accedido. Nada de eso sucedió. El miércoles antes del día del show no fui a verla, le avisé antes para que no me esperara. Al día siguiente que la vi me contó que la había visitado su ex. La escuché sin decir nada. Supuestamente le dijo que ya no la buscara porque ahora estaba conmigo. No me convencieron sus palabras. A mi parecer le dejó abierta la posibilidad. Lo había rechazado, pero no de forma contundente. Mi inseguridad estaba ahí, en cualquier momento sentí que me podía mandar al carajo para volver con su ex.

Paulina no me daba confianza, no sentí que hiciera gran cosa para tenerme contento. Las vestidas reciben a su galán con glamur para no decepcionarlo, ella no era así conmigo.

Creo que mi relación tuvo que ser más fría desde el principio, más distante. Yo llegué y le entregué todo de trancazo.

Pronto me tomó la medida o no le importé mucho en realidad. El asunto es que yo no veía que se preocupara mucho por no perderme.

En esos momentos me sentí idiota y vulnerable. Pensé en Graciela, bien podía estar haciendo lo propio para conquistarla. Era mujer y estaba buenísima, me gustaba, aunque yo ya había elegido obsesionarme de una vestida. No puedo negar mi lado bórder. Lo peor del asunto es que yo sabía que Paulina seguía clavada de su ex, aunque una vez que se lo pregunté me contestó: "A ese no lo quiero ni para limpiarme después de que te hayas venido encima de mí".

Volví a mi teoría de dime de qué presumes y te diré de qué careces. Yo me sentía muy por encima de él, pero sabía que perdía en una cosa: ella estaba obsesionada con él. Yo me sentía superior en el aspecto de que yo la respetaba, la aceptaba como era, tenía cariño para darle. El otro sólo la quería para coger, incluso ya hasta tenía otra morra, pero seguía buscando a Paulina.

Era obvio, sólo en los cuentos de hadas, el bueno es el que se lleva a la princesa. La realidad dista mucho de ser un cuento de hadas. La realidad es de hadas corrompidas.

LA PULSERA MILAGROSA

En una de sus andanzas, Sonia llegó a la zona de Saltillo. Montada en su personaje no llegó a juntarse con los gays sino con las prostitutas. Llegó a un bar llamado "El Cadillac", uno de los más corrientes, ahí conoció a una puta que le aconsejó mejor se fuera al "Copacabana" que se suponía era de los mejores. Sonia fue y habló con el dueño, que le dio chance, le asignó un cuarto y le comentó que "la sala" comenzaba a las once. Eran las tres de la tarde, la hora en que todo mundo apenas despertaba. Se fue a comer. Después regresó a su cuarto a descansar para después arreglarse e irse a trabajar.

Esa noche salió a trabajar con un pantalón blanco y una blusa tres cuartos larga que le daba a la rodilla, donde empezaban las campanas del pantalón. La blusa era color naranja. Usaba collar y aretes de perlas. Otra vez las "perlas" a las que siguió sin hacer caso de sus malos augurios. El cabello lo traía rubio y recogido en chongo. Apenas llegó, se sentó en el Copacabana y la sacaron a bailar. Sonia resaltaba entre las demás prostitutas.

Llegaron unos árabes a beber y hablar de negocios. Uno de ellos le mandó una copa a Sonia, que de inmediato fue a su mesa para agradecérselo. El árabe la despachó diciéndole que más tarde le invitaría más pero que por el momento lo dejara con sus amigos para platicar de sus negocios. Sonia sintió el rechazo y regresó a su mesa. Así bailó con uno y otro cliente sin que el árabe se mostrara interesado en ir a buscarla.

En la plática, Sonia le confesó a una prostituta no era mujer sino hombre. Se corrió la voz de inmediato hasta llegar a oídos del árabe quien al enterarse se fue a buscarla de inmediato. Era tarde y le dijo que salieran de la cantina por lugares distintos para encontrarse afuera.

Sonia salió y el árabe tardó. Estaba a punto de irse cuando por fin el hombre salió. Le dijo que aún se iba a tardar, le dio dinero para que cenara mientras tanto. Se empezaron a besar y pichonear mientras tanto.

En el manoseo, Sonia le sacó la cartera al árabe. Éste no se enteró, y se metió de nuevo a la cantina. Una vez sola, Sonia abrió la cartera y vio la enorme cantidad de dinero que traía. Se asustó de inmediato y paró un taxi que la llevó hasta Monterrey.

Y en Monterrey con todo el dinero, Sonia se compró mucha ropa. Además, se compró una pulsera de monedas de diez centavos en oro. En ese tiempo le costó mil quinientos pesos la pulsera, lo cual era un dineral.

Le encantaba usar blusas de manga larga para que sobresalieran las pulseras e hicieran juego con sus manos arregladas, con sus uñas largas y bien pintadas. Le gustaba el ruido de las pulseras en sus muñecas, le parecía un sonido completamente femenino. No le gustaban mucho los anillos, menos los de colores, porque le parecía que la acorrientaban.

Después de sus compras se acordó de "La India", una Vestida amiga suya que le había enseñado varios de sus secretos. La India era de Pánuco, Veracruz. Era idéntica a Rarotonga. Sabía que en ese tiempo radicaba en Tamaulipas, y se fue a buscarla, llevando todavía bastante dinero. La encontró en Ciudad Victoria. Muy poco les duró el dinero debido al derroche que hicieron. Una vez que se vieron limpias, la India se llevó a Sonia a talonear a Ciudad Mante. Los burdeles de ahí se encontraban lejos de la ciudad, cerca de los sembradíos.

Entraron las dos a trabajar al burdel de una mujer llamada Rosa Rocha. Entraron a trabajar como damas. Sus clientes eran hombres de campo que llegaban sudorosos después de su jornada. No duró mucho ese trabajo ya que tuvieron que salir huyendo después de que la India le robó el reloj a un cliente. La India no podía regresar a Torreón por un robo similar, y Sonia sí tenía que volver. Así que se despidieron ahí mismo.

En el camino de regreso, el camión en que viajaba Sonia hizo una parada en Paila.

Ésta llevaba un neceser, maleta y saco negro. Vestía con pantalón negro y botines, el cabello recogido y bien maquillada. Hacía frío. Ahí subieron dos hombres quienes le pidieron que bajara del autobús.

Sonia no les hizo caso, pensó que se trataba de dos hombres que querían con ella o algo así. Llamó al chofer del autobús quien también le pidió que bajara.

A regañadientes pero lo hizo. Apenas bajó y la esposaron. Habían pasado dos meses de lo del robo del árabe, así que Sonia no se lo esperaba. La estaban deteniendo por esa razón. De inmediato la subieron a un Plymouth que se dirigía a Saltillo.

No sabe güerita, en el broncón en que se metió. –le dijo uno de los hombres.

Durante esos dos meses la estuvieron buscando hasta dar con ella. Sonia no supo cómo la habían encontrado. Sabían con precisión que iba en ese autobús, se subieron los policías sin pensarlo para arrestarla.

Sonia sintió pánico después de recordar sus constantes estadías en la cárcel. Recordó el problema fuerte que había tenido con "el actor". Se sintió perdida.

Después se vio la pulsera que había comprado en Monterrey, la rompió en dos e hizo un último intento.

Miren les doy estas pulseras, son dos, son de puro oro, valen mil quinientos cada una. Es una para cada quien. Déjenme ir. Al cabo ¿quién sabe que sí me encontraron?

¿Tú cómo ves pareja? –preguntó uno al otro.

Pues el chofer ya nos vio.

Pero ya se fue, dijo Sonia, él ya no va a saber ni qué pasó.

Bueno güerita, pero aquí te dejamos. Ya si te agarran en el camino es tu bronca.

Está bien, les dijo Sonia.

Y la soltaron ahí en medio de la carretera ente Paila y Saltillo. Ya luego un trailero la levantó y volvió a casa pensando otra vez en abandonar el personaje de Sonia que le estaba ocasionando ya demasiados conflictos.

EXPULSADA ENTRE MARRANOS

Expulsaron a Sonia de Villa de Encarnación, Zacatecas. Fue a parar a ahí en una de sus tantas andadas. Lo primero que hizo al llegar fue buscar la zona. Preguntó a las mujeres del mercado.

Aquí no tenemos zona, -le contestaron-. Sólo hay un salón grande donde hay "mujeres de la vida". Si quiere vaya ahí.

Sonia buscó el lugar hasta encontrarlo. Iba como mujer, así que las mujeres pensaron que se trataba de una prostituta. El mentado lugar era un galerón con una barra adonde acudían los hombres a embriagarse con las putas. Éstas eran mujeres grandes, gordas, y feas, así que Sonia de inmediato impactó con su belleza, ya que ella era delgada, joven, moderna, actual y sofisticada.

Sólo un día duró en el lugar. Pronto descubrieron su secreto y el pueblo se escandalizó. "Un hombre vestido de mujer". El chisme se corrió de inmediato hasta llegar a oídos del presidente municipal. Se armó un escándalo de dimensiones mayúsculas. El presidente por supuesto tuvo que tomar medidas drásticas y mandó expulsar a Sonia del pueblo. Ese día no había salidas de autobuses, así que se tuvo que optar por la única forma inmediata: la sacaron del lugar en una camioneta vieja que transportaba marranos. Y así, entre puercos, Sonia fue despedida como persona non grata de Villa de Encarnación, Zacatecas.

HAY QUE ENTRARLE AL TALÓN

La prostitución de las Vestidas es lo de hoy. En la Plaza de armas talonean la Passion, la Daniela, y La He-Mana. Hoy en día el clan de las Barbies es el que predomina. En el periférico, por la entrada de Gómez a Torreón bajo "la puerta" de Sebastián, se juntan Alexa, (prima de Paulina), y "Vanessa Rancho", (porque hay "Vanessa Ciudad", pero esa es otra).

En Valle Oriente talonean La Picadillo, y la otra Vanessa, (la Ciudad), y la Eloy. Más adelante la Argentina, y otras en el campo militar. Hay muchas en la cuchilla donde se separa la carretera para ir a Viesca o seguir a Saltillo, después de Matamoros. Ahí es donde amanecen todas, vengan de donde vengan, es donde aprovechan que se detienen los traileros.

La Picadillo cuenta su aventura de cuando se fue a Laredo a trabajar e hizo mil quinientos en dos meses.

Pues ¿qué cobraba el palo a diez pesos, amiga, o qué? le preguntaba Paulina y agrega: ¿o eso ganó en dos días?

No, estuve dos meses.

Todavía llegó y le prestó el dinero a su mayate. Vaya negocio.

TE AMO, AUNQUE ME HAGAS ENOJAR

El sábado siguiente fui a buscarla a la hora de costumbre. Estaba que me quemaba por ir a hablar con Paulina, aunque tenía miedo de lo que fuera a suceder. La noche anterior me había plantado de fea forma, sin avisar ni nada, nomás dejándome pasar por un vil idiota. Claro, me lo tenía merecido.

Llegué a casa de Paulina, estaba sola, ya arreglada. Me senté en la cama a esperar ingenuamente una explicación. Se sentó conmigo, y no dijo nada.

¿Entonces? -pregunté.

Nada

¿Qué pasó? ¿Me vas a explicar? insistí

No pasó nada. Me sentí mal por unas cosas que me dijeron.

¿De mí?

No, del chupacabras. Me dijeron que andaba diciendo cosas mías y me enojé. No estaba bien y quería pensar, sola. Así como estaba no quería verte porque pensé que te iba a tratar mal, y tú te has portado bien lindo conmigo, no te mereces que te traten mal.

Paulina yo quiero ayudarte, pero si no me dices lo que te pasa no lo puedo hacer. Si no sé dónde estás y lo que te pasa, no sé cómo ayudarte. Te quiero, pero tú no me dejas entrar en tu vida. Dime ¿Qué quieres?

Sé que quiero estar contigo

Yo también, pero para que funcione tienes qué confiar en mí. Te quiero y no me gusta que estés mal.

Paulina acostada en mis piernas se puso a llorar. Me sentí peor, yo la quería ayudar, pero no sabía cómo.

Es que no es tan fácil...

Sí es fácil, pero no quieres. Cuando uno es así como yo... Y ¿cómo eres tú?

Así, gay...

Paulina, por favor...

No, de veras, tú no sabes. Uno sufre mucho, uno siempre está a la defensiva, con miedo a que nomás jueguen con uno. Y es que uno no está bien...

A ver... otra vez. Para empezar ¿por qué sólo te juzgas gay? ¿por qué no te consideras un ser humano con preferencias sexuales gays?

Porque no.

O sea que ante los ojos de Dios ¿tú no eres un ser humano? ¿tú eres gay? Yo no creo eso. Creo que para él tú eres un ser humano como todos los demás.

No sé, no creo. No sé, tengo miedo

A ver si entiendo... voy a imaginar porque no me dices nada. Tú tienes miedo de que yo te deje, que nomás juegue contigo, que me arrepienta de tener una relación homosexual y me consiga una novia mujer, ¿cierto?

Ajá

Qué poco me conoces, Paulina, jamás te haría eso. Yo, a diferencia de ti, sé exactamente lo que quiero, y tú eres lo que quiero. Quiero que esto funcione.

Es que ya me lo hicieron una vez.

Sí, pero todo depende de con quién te relaciones.

Bueno, eso sí es cierto.

Así terminó la plática. Paulina me dio un beso y todos como si nada. Yo seguí teniendo miedo. Fuimos un rato a casa de la mamá de Paulina. Regresamos y estaban Vicky y Paola en casa de Paulina arreglándose.

Mijo, ahorita que se terminen de arreglar las muchachas nos vamos al centro. Un ratito nada más, me dijo Paulina.

Lo que me faltaba. Ya ni podía estar con ella a solas. Habíamos quedado en que ese sábado no íbamos a ir a La Rueda. Íbamos a rentar películas, salir a cenar, dar la vuelta y listo. Otra vez, Paulina cambiaba los planes. No soportaba estar encerrada un jodido fin de semana. Lo que no sé es por qué no podíamos irnos solos, y teníamos que irnos con sus amigas. O, mejor dicho, cargar con ellas. No me molestan sus amigas, me caen bien, pero el momento no era el más indicado. Acabábamos de discutir, y de cierta forma yo traía todavía la sensación de que Paulina era egoísta, y para el colmo cambiaba los planes y hasta me tenía qué fletar a las amigas.

Te espero en el carro, le dije.

Me salí a fumar, molesto. No tardaron mucho en salir. En el camino me relajé. Cuando llegamos a La Rueda estaba solo. Incluso las mesas se veían ordenadas. Cuando se llena ni se ven siquiera. Esto era nuevo para mí. Estuvimos bien un buen rato, hasta que terminamos enojándonos otra vez. Ahora sí ya parecíamos novios.

¿Te digo algo y no te enojas? me dijo Paulina

Sí me voy a enojar, pero ándale pues, dime, le contesté.

Ay, ¿por qué me hablas así? ¿No ves que soy muy sensible?

¿Sensible tú? Si ni sentimientos tienes.

Y valió madres el asunto. Me pasé. Paulina se quedó callada con una cara de miedo, estaba encabronadísima. Tensa a morir. Me dio miedo. Traté de reponer la situación.

No, ándale ya bonita, dime.

...

Dime, no me voy a enojar.

...

¿No me vas a decir?

No me contestó, se volteó sin decirme nada y ahí sí valió más madre el asunto. Ahora me emputé yo. Me le quedé viendo. Me ignoró. Me di la vuelta dándole la espalda, quería largarme de ahí, pero como que ya estaba grandecito para hacer esos teatritos. Retomé la calma.

¿Ya no me vas a hablar?

...

Paulina...

...

¿Vas a estar así toda la noche?

¿Por qué me das la espalda? me preguntó ella.

Tú me dejaste de hablar

Tú me hiciste enojar

Tú me hiciste enojar primero

Yo soy muy sensible, no tienes idea

Por favor, yo también tengo sentimientos, ¿crees que nomás tú? Yo también soy sensible.

...

Ya ¿no?

...

Y como mejor se solucionan las broncas, Paulina simplemente me dio un beso diciéndome que ya no la hiciera enojar. Ya no le quise mover. Yo le quería decir que el enojado era yo, pero para qué, ya estábamos bien. Nos quedamos un rato más y nos fuimos. En el camino todavía hubo otro pleito. Vaya fin de semana ideal. Ese ya no recuerdo cómo empezó, lo que sí sé es que fue por David. Le comenté que se me hacía extraño que no hubiera llegado a La Rueda.

Cuánta apuración por esa jota.

Es mi amigo.

Eso yo no lo sé.

Pues sí, es mi amigo, nada más. ¿Cuántas veces te tengo qué decir que a mí no me gustan los hombres?

Mmmm...

Ay, güey, qué batallar contigo. Ahora ¿ya no puedo tener amigos?

Amigos sí, amigas no.

Él es hombre.

Es jota, es amiga.

Y dale... qué mal pedo que no me creas. Yo no te digo nada por tus amigas.

Pero ellas son niñas vestidas, son amigas. No me voy a besar con ellas, ni que fuera como La Boli con la Cecilia que ellas sí se besan.

Yo tampoco me voy a besar con él, es mi cuate y además, qué asco.

Eso yo no lo sé.

Está bien, ya no voy a tener amigos.

No, está bien, tenlos.

¿Para qué me la hagas de pedo?

No, ya no te voy a decir nada.

De veras que cuando quieren ser mujeres, lo son. Esta discusión la he tenido con todas las mujeres con las que he estado. Al final siempre terminan diciéndote algo como: "haz lo que quieras", como diciéndote: "ya te dije, cabrón, no quiero y punto". En lo que llegamos a la casa, Paulina ya no me decía nada, ya sólo yo hablaba. Cuando llegamos se tiró en la sala. Yo seguí tratando de arreglar las cosas, quería seguir hablando. Paulina me besaba para callarme. Me molesté más.

¿Ya ves? Como tú ya no quieres hablar ya no vamos a hablar. Sólo piensas en ti.

Vamos a hablar pues.

No, ya no quiero.

Nos fuimos mejor al cuarto. Apenas se acostó Paulina y se quedó dormida. Yo no tenía nada de sueño. Yo hasta quería coger. Por más que la besé, nada. No reaccionó. No despertó. Me puse a leer, me tiré en el piso, me volví a acostar con ella, la quise despertar, la seguí besando, y nada. Se quedó dormida. Cuando despertó ella sí me quiso levantar. No le hice caso hasta que dijo:

Te amo... aunque me hagas enojar.

EL GRINGO

La primera vez no le permitieron el acceso a Sonia en el Country Club de Durango.

Aquí no entran mujeres, le dijeron en la puerta.

Yo no soy mujer, les contestó Sonia.

Menos.

Había llegado ahí semivestida. La verdad de cualquier forma parecía mujer, aunque no se vistiera por completo. El Country Club era un lugar para hombres. Después con el tiempo conoció a gente que trabajaba ahí y le permitieron el acceso. Ahí fue donde conoció al "Gringo". Al principio no sabía que era gringo. Era blanco de cabello negro y ojos oscuros. El Gringo realmente se enamoró de Sonia. Fue uno de esos hombres que realmente valían la pena, y como era de esperarse, Sonia no se enamoró de él. Las vestidas sienten una extraña fascinación hacia la diversión que rara vez se dan cuenta de lo que verdaderamente es importante.

El Gringo se comportó como un caballero con ella, la trajo paseando por todo el país. Sonia lo acompañaba siempre. Ella vivía en Torreón cuando no estaba el gringo en México. Gracias a él, Sonia entró a estudiar en la Escuela Comercial Treviño cuatro años. Ahí terminó la secundaria. Luego se inscribió en la escuela para trabajadores donde hizo la preparatoria. Después de eso entró a Ópticas Franklin para hacer prácticas. Ahí mismo le ofrecieron que hiciera la carrera en optometría de la cual se graduó.

Muchos de esos estudios le costaron al Gringo que fue quien se los costeó. Este hombre se había convertido en su real marido. La familia de Sonia terminó por aceptarlo como tal. Sus padres pensaban que ese era un buen hombre para su hija.

El Gringo bebía a diario, y ella lo acompañaba. Esa fue la etapa en que ella se sumergió en el alcoholismo.

Sonia jamás dejó de portarse mal con él. Lo engañaba todo el tiempo. En Zacatecas el Gringo tenía una casa que un día le dijo le iba a dejar. Estaban ahí bebiendo y comiendo, cuando Sonia le dijo que estaba aburrida y quería salir. El Gringo siempre comprensivo la llevó a La Troje, un bar en un hotel. Cuando llegaron, se acercó un mesero a llevarle a Sonia un bote Tecate y unos cigarros Raleigh, cortesía de la casa. El mesero aprovechando que el Gringo estaba en el baño se acercó a hablarle a Sonia.

Oye, ¿qué es tuyo el señor?

¿Cómo te explico? Es mi protector. ¿Si me entiendes?

Sí... tu protector.

La verdad, le extrañó a Sonia que el mesero le hubiera entendido, ya que ni ella misma lo había entendido.

¿En qué habitación estás hospedada?

En el 84.

¿Puedo llevarte un servicio cuando terminé mi turno?

Claro, ahí te espero.

El mesero llegó más tarde con el servicio, el cual tuvo que pagar el Gringo. El Gringo no estaba. Ahí se encerró toda la noche con el mesero. En un momento llegó el Gringo y Sonia no le abrió hasta en la mañana.

¿Por qué no me abriste anoche?

Ay papi, es que me quedé bien dormida, no te oí.

El Gringo no era idiota y sabía que mentía.

Sabía exactamente lo que había pasado, pero no le reclamó nada. Varios años aguantó el Gringo todo lo que Sonia le hacía. Jamás, aunque discutieran, llegó a golpearla. Sobre todas las cosas la respetaba.

Pero hubo un día en que éste no resistió. Le mandó un telegrama a su casa para avisarle que iría. Le dijo en qué hotel lo encontrara. Ese día Sonia no llegó a su casa, así que no le dieron el mensaje. Al otro día, cuando se enteró, fue a buscarlo. Cuando llegó, el Gringo no la dejó entrar.

Le dijo que estaba ocupado.

No pudo ver con quien estaba, pero sabía que se trataba de otro hombre. Finalmente, el Gringo se había cansado de Sonia. Fueron más de diez años en que poco a poco fue terminando con su paciencia. Y lo que pudo ser una gran salvación para Sonia como el amor, terminó convirtiéndose en una triste decepción.

Con el tiempo, y de manera gradual, el personaje de Sonia se fue desvaneciendo de la persona de Guillermo Zapata, al igual que lo hará en esta novela a continuación.

LA OBSESIÓN DE LOS BUGARRONES

Es fascinante observar cómo en la Rueda, tanto cholos como mayates, mueren por que una vestida les haga caso. Las sacan a bailar, les invitan cervezas, las tratan de conquistar como si en verdad se tratara de mujeres. No lo son y no les importa. Ellos juegan el juego, se comprometen, se fascinan, se entusiasman. Sábado a sábado lo siguen intentando. Con la misma. Se llegan a obsesionar con una en especial. No les importa que quien los rechace sea un hombre.

Cuando alguna les hace caso, los hombres lucen realizados. Bailan como si volaran. A la menor oportunidad intentan besarlas, manosearlas. "Ellas" como todas unas damas se dan a respetar, se dan su lugar y no los dejan. Puede notarse cómo lo que sienten esos hombres es un gran vacío, lo que desean es besar a alguien, enamorarse, sin importarles que de quien lo hacen es un hombre.

Por eso cuando alguna de las vestidas corresponde a un hombre, éstos las respetan y le dan su lugar como pareja. Los dramas más inverosímiles se pueden suscitar, como el de cualquier relación heterosexual. Ellos sufren por ellas, se encelan, y defienden su amor (¿?) como bestias. Algunos se desgarran. Y al final queda la pregunta: ¿realmente saben lo que hacen?

Recuerdo las veces en que en las fiestas nos reuníamos puros hombres y decíamos que sería buena idea contar con la presencia femenina. Ahora en medio de La Rueda veo el espectáculo en todas las variantes posibles. Mujeres, más que mujeres, mezclándose entre los hombres. Los dramas, el coqueteo, la seducción, y la fiesta no ha cambiado, "seguimos siendo puros hombres".

PÁJARAS DE ANTES

Entre las finas amistades de Sonia se encontraba: "La Bambina", una de las primeras vestidas que se inyectó aceite comestible para esponjarse el trasero y los senos, era de un rancho cercano, la procesaron por matar a un pelado. Cuando salió la mataron al salir de una cantina, le deshicieron la cabeza en una banqueta.

Estaba también "la Comina", de Matamoros, Coahuila, vestía de mezclilla y botas. Le decían "la señorita Lascurain de los Monteros". Muy mariguana. Ésta era la que sacaba el maquillaje para todas, fue de las que le enseñó a maquillarse a las demás. También figuraba Ana Luisa, le decían así porque se parecía a Ana Luisa Pelufo. Su nombre real era Leo, sí el de los tortillones, el mismo.

Estaba por supuesto La Mastuerzo, cuya historia ya fue contada en páginas anteriores. La San Martín, que aún vive en un rancho, vende cerveza y sigue con amores. De vez en cuando se vuelve a vestir de mujer, pero ahora parece una señora gorda muy mayor. A ésta un día en la zona un fulano le arrancó el vestido intentando detenerla. Se quedó en puro fondo. Para su suerte, en la zona deambulaba una mujer que vendía ropa de segunda a deshoras y le vendió un vestido. Como La San Martín era muy grande y fuerte como luchador no le quedó. No tuvo más opción que romper el vestido para quedarse con la pura falda que se amarró con un mecate. Así siguió la fiesta hasta que salió el sol.

Estaban también "las Chaquiras", Dinastía, Liliana y Marcela. Estas eran de Monterrey y estaban operadas. Dinastía se casó con un mesero. La boda fue a las tres de la tarde. A esa hora podías jurar que eran mujeres. Antes de la boda, Liliana, la flaquita estaba en un sillón sentada mientras su novio le depilaba las piernas. Actualmente Dinastía tiene un bar en Monterrey.

De entre las amistades de Sonia se recuerda graciosamente a Rosa, una jota de un rancho cercano. La vestida había tenido polio cuando niña y eso la hacía verse nalgoncita. Se vestía como tájuara y tenía mucho pegue con los rancheros. Estaba una noche en el Molino rojo y quiso ir al baño.

Papi, quiero ir al tocador, -le dijo al ranchero que la acompañaba.

Vamos mi alma, yo la acompaño.

El ranchero fue a cuidarla hasta allá. Cuando llegaron, el baño estaba completamente lleno. Afuera había un resumidero y el ranchero le dijo que, si ya le ganaba, orinara ahí mismo. Rosa traía un vestido de crinolina con un enorme aro debajo. Se sentó a orinar como pudo mientras la cuidaba su ranchero. A causa de su pierna mala, Rosa se fue pa'tras perdiendo el equilibrio.

- ¿Pos qué pasó mi alma? le dijo el ranchero al ver que se iba al suelo su compañera. Cuando la quiso levantar se dio cuenta del fraude. Se dio cuenta de que su alma no era otra que un caballero oculto. Se le dejó ir encima a golpes. Casi la mata ahí mismo, ya estaba ahorcándola con el mismo aro del vestido. Todas las demás vestidas tuvieron que quitárselo de encima. De no haber sido por ellas, el ranchero la hubiera matado.

PRIMERA RUPTURA

Terminamos. Había pasado un mes, exactamente. A menudo la dicha dura demasiado poco. Mis sospechas eran todas ciertas. Paulina no era más que un ser humano caótico. El orden que traté de darle la agobió. No sé si no terminó por creerme que lo que le ofrecí era verdadero. Se lo puse todo en bandeja de plata. La vida no tiene por qué ser tan complicada, eso es lo que le traté de mostrar. Para alguien tan acostumbrado al desorden, un poco de dicha y congruencia resulta algo incómodo e incomprensible.

De cierta manera, creo que el haberme portado tan bien con ella fue el error. Las relaciones basadas en tormentos y dependencias duran más. Creo que, en el fondo, y de alguna manera, Paulina se sacrificó por mí. Se sabía hija del caos y no me quiso arrastrar con ella. Al final de cuentas yo no había hecho otra cosa que portarme bien con ella, tratarla bien, respetarla, darle su lugar.

También pudo ser el sexo lo que terminó por detonar la ruptura. Aunque cogimos, creo no fue lo suficiente. David me había dicho que el homosexual principalmente busca explotar la esfera sexual. Paulina como todo hombre que en verdad es, llevaba al macho sexual encerrado. Yo no le brindé el suficiente sexo. Eso creo debió haber perjudicado nuestra relación. Sabía que esto terminaría influyendo tarde o temprano.

Después de que le di la carta, Paulina me recibió como siempre quise: segura y relajada. Esa noche antes de dormir me dijo que había leído la carta y que yo tenía razón en casi todo, y que estaba dispuesta a darse la oportunidad de ser feliz. Confié. Eso fue el domingo.

El miércoles terminamos. Llegué a las ocho como de costumbre. Me recibió totalmente seria. Dijo que estaba cansada. Eso podía creerlo, pero sabía que no era cierto.

Había algo más. En un mes llegué a conocer a Paulina más de lo que ella misma nunca llegará a conocerse a sí misma. Sabía cuándo tenía algo. Para mí era transparente, por eso sabía que era una maravillosa persona, sólo que lastimada. Yo buscaba lamerle las heridas, curarla. Ese fue el error. Nadie quiere curarse. Todo mundo está enamorado de su enfermedad, prefiere cultivarla.

Hablé con ella, y como siempre no dijo nada. Tomé la iniciativa y la sondeé. La orillé a que me dijera lo que le sucedía. Sabía que quería decírmelo, quería decirme que prefería que no volviera. Yo ya lo sabía, pero como yo no quería irme, traté de evitar esa plática durante un mes. Lo supe desde el principio, después de la primera noche que me confesó que iba a decirme que no volviera. Lo que Paulina quería desde el principio era sólo diversión. Yo me había portado tan bien con ella que no tuvo forma de decírmelo. Para Paulina el ideal era salir sola o con sus amigas, bailar, beber y coger. Con una relación seria como la nuestra no iba a poder hacerlo. Yo jamás se lo prohibí, pero no se trataba de permisos y prohibiciones, se trataba de sentirse libre, sin culpas ni remordimientos.

Cuando por fin habló, dijo que no quería encerrarse después de lo pasado con su ex. Tenía miedo. Dijo que ella nunca iba a cambiar y que prefería que las cosas se quedaran como estaban. "Tú como estabas y yo como estaba", fue todo lo que dijo. Para mí fue suficiente. Yo sabía lo que en verdad pensaba. No quería comprometerse, no quería enamorarse, cosa que estaba sucediendo. No se sentía preparada para algo serio. Le gustaba su desorden, lo manejaba, lo dominaba. No sabía ser una persona "equilibrada".

El error radicó en que ella nunca entendió que con lo nuestro no iba a cambiar nada. Yo también estaba loco, me gustaba su enfermedad y la mía.

Prefirió martirizarse pensando que jamás sería feliz. No quise luchar. Tantas dudas y tantos miedos me producen desconfianza. No quise seguirle mostrando el camino.

Ella estaba bien como era. Así era Paulina. Y así fue como volvió a ser libre, paradójicamente, presa de su locura y soledad.

VERÓNICA VERANO

Entrevista realizada el jueves seis de octubre de 2005. 8:00 p.m. a Maciel, (Verónica Verano) por Óscar en su Salón de Belleza ubicado en la ciudad de Gómez Palacio, Durango.

La primera vez que vi a Maciel fue todo un impacto, fue el evento "Miss Gay" que cada año se celebraba en La Rueda. Ese noche llegamos temprano, eran apenas las nueve y el evento empezó a las doce y media. Pasaban las horas y no llegaban las vestidas que iban a concursar. Las duvas jamás llegan temprano. Maciel formaba parte del jurado que daba fe de la legalidad del evento.

Cuando llegó, todos nos dimos cuenta. Maciel mide cerca de dos metros. Una rubia impresionante entró al lugar vestida con un traje completo, de pantalón y blusa ajustada, con guantes negros. De donde quiera que estuvieras sentado la podías ver. Sobresalía entre toda la gente. Era como una barbie de carne y hueso. Una chica Almodóvar. El rostro de Maciel es diferente, sin duda sabes que se trata de un hombre, pero si la ves de espaldas o de lejos te produce un impacto increíble, es como ver una impresionante mujer que no se encuentra en cualquier parte. Yo la tenía qué entrevistar.

ÓSCAR: Hola Maciel, ¿me podrías contar algunas de tus anécdotas como vestida? Como cuando empezaste, a qué edad, por ejemplo.

MACIEL: Bueno, yo sufrí una violación a los seis años, muy chico, pero no dije nada, me lo callé. De cualquier modo, aunque no sabía muy bien qué onda, sabía que era algo malo, tan así que no le dije a nadie.

Fíjate, yo crecí con la idea de que niño-niño estaba bien, como otros niños me besaban y me pichoneaban, pues yo pensaba que estaba bien, que eso era lo correcto.

ÓSCAR: ¿Cuándo te diste cuenta de que no era así?

MACIEL: Pues ya como a los doce o trece. Veía que los niños andaban con las niñas. Ahí fue donde me comencé a cuestionar sobre mi sexualidad. Decía: ¿O sea yo qué soy? ¿Ves? A mí me gustaban los otros niños, incluso cuando recordaba la imagen de mi violación yo me excitaba, mi pene se erectaba.

ÓSCAR: ¿Y luego? ¿tuviste novias?

MACIEL: Sí, varias. Yo hasta tenía peguecillo con las niñas. Unas me besaban y me decían: yo te quito lo joto. Anduve con varias chavitas. O sea que me daba vergüenza ser homosexual. Era para disfrazarlo mientras yo descubría qué onda conmigo.

ÓSCAR: Pero ¿te gustaban?

MACIEL: Mmm... no me incomodaban. Pero no, no me gustaban, no me excitaban. Me excitaba más pensar en los niños.

ÓSCAR: Entonces ¿cuándo te defines?

MACIEL: Fíjate, yo cumplí catorce años, era Halloween, me acuerdo y salí a pasearme con unos amigos. Yo en mi inocencia todavía no sabía que la Avenida Morelos era centro de prostitución como ahora. Nos fuimos caminando rumbo a la cantina Gol 68, que ahora se llama el Soccer. De madrugada salimos y no conseguíamos taxi.

Caminamos por la Morelos y nos levantaron unos pelados que nos dieron un aventón. Nos fueron repartiendo, dejándome a mí para el último. Cuando llegamos a mi casa, el tipo que traía el carro me preguntó dónde podía orinar. Yo le dije, pos ahí haz, en un árbol. El tipo se bajó a orinar y yo me acerqué para verle el pene. El tipo me dijo que todavía le quedaba bastante gasolina y me invitó a dar una vuelta y yo le dije que sí. En el camino sentí cómo se me aceleraba el corazón, se me pusieron las manos frías.

El tipo me las tocó y me dijo: Qué manos tan frías, corazón, y yo le respondí: y tú qué manos tan peludas. Ay, estaba bien peludo, todo, me gustan los hombres peludos. Luego el mayate me dijo: dicen que manos frías corazón caliente.

Nos estacionamos en un lugar oscuro, quién sabe dónde. Luego me puso a hacerle el sexo oral, y terminamos teniendo la relación. Cuando llegué a mi casa no me desvestí. Yo sentía que olía a sexo y me daba vergüenza. Ésa fue mi primera relación.

Fue en el 83 cuando cumplí catorce años. Ya con eso estaba yo definido, ya sabía que era homosexual. Luego quise tener sexo con mi novia. Después de probar con hombres sentí la curiosidad de probar ahora con mujeres. Invité a la que era mi novia en ese entonces a mi casa para hacerlo. Esa vez ella lloró y no quise hacerlo, mejor no quise desgraciarle la vida a la pobre.

ÓSCAR: ¿Ya sabía tu familia que eras gay? ¿cómo se enteraron?

MACIEL: Como siempre no faltó quien le fuera con el chisme a mi mamá. Fueron y le dijeron: oiga fíjese que Maciel es gay. Mi mamá como que no les creyó y me preguntó. Yo no se lo negué. Le dije que sí era cierto. Pero ¿cómo, Maciel? me dijo mi madre y yo le dije: pues sí y si usted no me apoya no sé quién lo vaya a hacer. Me fui a dormir. En la mañana cuando me desperté mi mamá me dijo que me iba a apoyar.

ÓSCAR: ¿Cuántos años tenías?

MACIEL: Dieciséis.

ÓSCAR: Y ¿ya ibas a La Rueda?

MACIEL: No, todavía no. Después de esa plática con mi madre me invitaron. Yo todavía ni conocía. Me dijeron, "vamos", y fui. Cuando llegué me impactó todo, ver a los gays vestidos de mujer se me hizo bien padre.

ÓSCAR: ¿Tú todavía no te vestías?

MACIEL: No, después de que vi me gustó y me empecé a vestir.

ÓSCAR: ¿Alguien te enseñó a maquillarte o te pasaron tips?

MACIEL: No, nadie, nunca. Todos mis trucos son míos, nadie me enseñó nada, yo sola me enseñé, eso que al principio me pintaba toda fea. Pero todo lo que he aprendido fue porque yo me las ingeniaba. Para el fin de semana siguiente ya fui vestida, sola, llegué y me senté en la barra. No me iba tan mal, luego luego me sacaron a bailar, si yo pensaba que estaba fea ahí me di cuenta de que no. Yo en ese entonces no me arreglaba en la casa, me vestía en casa de alguna amiga.

Salía con mi bolsita vestida de hombre y me transformaba. Luego una vez saliendo de La Rueda, unas amigas me dijeron: vente vamos a la zona. Yo no la conocía, te digo que yo era muy inocente, nunca había ido. Total, ahí vamos. No sabes, era un impacto eso, llegamos a "Las Vegas de noche". Era un ambiente muy denso, peligroso. Todas las semanas aparecía alguien muerto. Pero ahí todo se arreglaba con dinero.

Mataban a fulanos ahí en las cantinas con mucha facilidad. Se manejaba mucha lana. Mataban a alguien y luego-luego, órale, con una lana se arreglaba todo. Ahí en la Zona había gays que vivían en cuartos, se los rentaban para que vivieran ahí. Eran "gentes" que venían de todas partes de la república. La zona de aquí era una de las tres más grandes del país.

Una vez hasta salió en la tele. Fíjate, había muchos robos. Salían los jotos a robar por ahí a la Soriana o a otras partes, salían de morenas y cuando llegaban se transformaban en rubias. Cuando las andaban buscando iban a la zona a preguntar por ellas, a veces hasta les preguntaban a las mismas jotas: oye una muchacha güera, así y así. No pues quién sabe. Ya no las encontraban. Eran bien méndigas las cabronas.

ÓSCAR: ¿Tú qué hacías en ese tiempo?

MACIEL: Yo en ese tiempo trabajaba en la Soriana del centro en el departamento de perfumería.

ÓSCAR: Pero ¿no estudiabas algo?

MACIEL: Sí, estudiaba una carrera técnica, de producción de maquinaria, algo así como mecánica.

ÓSCAR: (risas) No mames, ¿en serio?

MACIEL: Sí, ya sé, una carrera de hombres. No había mujeres, yo era el único joto. Me metí por ir siguiendo a un chiquillo que me gustaba. Yo me empecé a juntar con los lidercillos, y ellos eran los que me defendían. Luego, a veces llevaba los cuadernos, yo muy mona, así como las mujeres (Maciel hace el gesto con los cuadernos en el pecho como los cargan las mujeres) y me decían: no sea puto, agárrelos bien, como hombre. (y ahí hace el gesto de cómo los llevan los hombres, con una mano de lado). Terminé la carrera, fíjate.

ÓSCAR: y ¿seguías trabajando en los perfumes?

MACIEL: Sí, de día era estudiante de mecánica; en la tarde trabajaba en los perfumes y en la noche era puta en la zona.

ÓSCAR: ¿Ya sabía tu mamá que te vestías? ¿cuándo se enteró?

MACIEL: Creo que supo una vez que andaba buscando una blusa suya y no la encontraba. Luego yo le dije: ahí la traigo en la mochila. Yo estaba dormido. "Condenado muchacho, me dijo mi madre; ¿por qué traes mi blusa? ¿qué también te vas a vestir de mujer? Ay, mamá, le dije, si ya me vas a apoyar, apóyame en todo. Ya no me dijo nada, y me siguió apoyando.

ÓSCAR: ¿En la zona trabajabas? ¿ya no ibas a La Rueda?

MACIEL: No, no me daba tiempo para ir a La Rueda. Salía de trabajar y me arreglaba. Prefería brincarme La Rueda para que me diera más tiempo para irme a la zona. Además, en la zona ganaba, y en la Rueda no. Empecé a trabajar en la zona en una cantina. Yo en ese entonces no tomaba. El dueño me servía refresco, pero con un algodón me untaba alcohol en la orilla de la copa, para que oliera, ¿ves? Porque el cliente me pagaba una cuba, no un refresco. Ahí bailaba, platicaba y tomaba con los clientes, ya después me "ocupaba". Nos íbamos a un cuarto. Órale, el turno era de treinta minutos, acabara o no. Si el viejo se quedaba con ganas pues tenía qué pagar más.

ÓSCAR: ¿Te tocaron clientes que te gustaran?

MACIEL: Sí, cómo no. Los viejos más guapos del país venían a la zona y con un buen de dinero, dispuestos a gastar. Fíjate, yo veo que muchas de las que van ahora a La Rueda me envidian porque hubieran querido que les tocara esa época. Lo malo es que pinches viejos jotos; antes se acostumbraba que fueran los activos, que le dieran a uno, pero luego que te doy y dame a mí, bueno. Luego ahora, ya nomás quieren que uno se los enchorice a ellos.

Pos si uno también quiere. Te lo juro, mira de cien condones yo creo yo me pongo más de cincuenta, neta. Una vez me estaba cogiendo a un mayate y con tremendas uñotas no podía, ahí está que me las tuve qué arrancar porque no me podía agarrar del güey para cogérmelo. (risas)

ÓSCAR: ¿Te tocaron a ti broncas?

MACIEL: Claro. Ahí se acostumbraba a hacer una rueda para que dos jotas se agarraran. Eran batallas campales, a morir, hasta que ya uno no pudiera, era entonces cuando las separaban. Ya nomás gritaban: ¡Piiista! Y a putearse los jotos. Hubo una vez que yo me acuerdo de que fue cuando más me dieron. Me agarré con una jota ya grande. El lugar estaba llenísimo y alguien me empujó a mí, yo choqué con esa jota. La güey se enojó y me la hizo de pedo. Nos agarramos a chingadazos.

ÓSCAR: Y se hizo la pista

MACIEL: Sí, gritaron: Piiiista! Y todas las jotas hicieron la rueda. Estaba grandota y bien pesada la jota. Recuerdo que hubo un momento en que me empezó a golpear con un tacón en la cabeza, me abrió. Me tenía en el suelo y luego yo la volteé y le empecé a dar de chingadazos en el suelo, ya hasta que me separaron. "ya estuvo, ya" y se la llevaron. A mí lo que me preocupaba era que me había tumbado las pestañas. Y yo dije: y ¿ahora qué hago? Todavía le cuelga a la noche. No, yo toda fea. Ese día recuerdo que me había arreglado bien bonita, me sentía una princesa. Ahí está que me las tuve qué pegar con chicle. Le dije a una jota: ¿cuánto tienes con ese chicle? Y véngase, con el chicle me las pegué.

Al otro día sentí ya los golpes, tenía la costra de la sangre en la cabeza donde el joto me había abierto. No sabes, estaba cabrón.

ÓSCAR: Y ¿cómo te llamabas en la zona? ¿Te decían Maciel?

MACIEL: No. En la zona yo era Verónica Verano.

ÓSCAR: ¿De dónde sacaste el nombre?

MACIEL: Lo de Verano, de una revista. Una vez leyendo me encontré a una tipa que se apellidaba así. El nombre es el de mi mamá, se llama Verónica. Me gustó Verónica Verano, pero esa ya murió, se quedó en la zona. Ya sólo soy Maciel.

ÓSCAR: Me imagino también tuviste experiencias fuertes

MACIEL: Por ejemplo, una vez un judicial me sacó una pistola. Estuve con él un rato platicando y luego me ocupé. Pero no me gustó, como que me molestaba cómo me lo hacía, me maltrataba. Le dije: no, ahí te ves, ya no quiero nada. Y que el pelado se enoja, saca la pistola y me apunta: tú no te vas a ningún lado, hija de la chingada. Lo peor que le puede pasar a un hombre es que un joto los desprecie. Todavía una mujer, pero ¿un joto? No´mbre se puso como loco. Yo sentí que se me paraba el corazón, me asusté, pero de todos modos me di media vuelta y me puse a rezar: padre nuestro que estás en el cielo, santificado sea tu nombre... y no, no pasó nada, pero qué susto me llevé.

Ya después de eso, cuando otro pelado me sacaba su pistola ya ni me inmutaba. Ya le aventaba su pistolita, y le decía: ¿qué crees que me asustas? No papacito, a mí ya me la han sacado varias veces, ¿a poco crees que eres el primero? En la zona eso era muy frecuente. Era una tierra de nadie. El segundo impacto, la segunda vez que sí pensé que ahí me quedaba fue una vez en que al salir de la zona no traía dinero para el taxi.

Mi dinero se lo había encargado a Oyuki, otra vestida. Oyuki se había llevado mi bolsa. Iba con otra amiga y nos subimos a una camioneta con dos tipos. Yo me subí en la cabina, adelante en medio con los dos. Mi amiga iba atrás en la caja.

El pelado que iba manejando nos empezó a llevar lejos, daban vueltas por todos lados y no nos llevaban a la casa. "Espérate, -decía el tipo, vamos a comernos un menudo.

Y yo le decía: Ahí por mi casa venden. "Bueno vamos a conseguir una lana para gasolina, decía el pelado. Yo te doy, en mi casa tengo dinero, le decía, pero nada que nos llevaba. Ahí ya me estaba preocupando. Total, nos terminó llevando por allá a la salida de Lerdo, fue cuando me dijo: "Ahora sí, se los va a cargar la chingada, pinches putos". Fue cuando yo dije: Pues nos va a llevar a todos cabrón. Y que agarro el volante e hice que el pelado perdiera el control. En ese momento aproveché y le empecé a pegar, luego le di al otro, abrí la puerta, y lo empujé para bajarme.

Me bajé y mi amiga me preguntaba: "¿qué pasó?" y yo: joto, córrele que nos va a cargar la chingada, y ahí vamos corriendo hechas madres. Le digo al joto: joto quítate los tacones que nos van a alcanzar. Todavía nos fueron siguiendo y nos alcanzaron por donde estaba la policía. Le dije al güey, ándale cabrón si me vas a madrear, órale, aquí nomás grito y vienen por ti. Como que la pensó el mayate. Nos subimos a un taxi. Ahí en la casa lo pago, pensé. Llegamos a la casa y ¿me creerás que los cabrones de la camioneta todavía nos venían siguiendo? Me bajé al departamento para sacar el dinero para pagarle al taxi.

Mis amigas me decían: ya no salgas. Sí, cómo no. Sí voy a salir, ¡a chingá!, a ver si aquí donde no son sus dominios muy machitos. Salí y le pagué al taxista. El cabrón de la camioneta me la siguió haciendo de pedo y lo empecé a agarrar a chingadazos. Como que el cabrón si sintió que no estaba en sus territorios y salió corriendo; luego estaba el otro que ya se iba también, pero lo alcancé a agarrar. Me dijo: No ¿yo qué? yo no te la estoy haciendo de pedo. Es mi compa nada más. Pues por tu compa. Y madres también lo agarré a chingadazos.

ÓSCAR: En ese tiempo ¿no tuviste broncas en tu trabajo de los perfumes?

MACIEL: Fíjate que una vez sí. Llegué yo toda desvelada, ya te imaginarás la cara que traía. Y además todavía iba maquillada. Una amiga mía fue la que me dijo: Maciel, qué bárbaro, todavía vienes maquillado. De inmediato me limpié la cara. Imagínate cómo andaría yo que ni cuenta me había dado. Es que en la zona todo se acababa hasta que amanecía.

A veces ni dormía. Total, ese día mi patrón se dio cuenta y fue a hablar conmigo. Me dijo: mire la cara que trae, y ya sabes. Todavía el viejo me dijo: se me hace que usted es Luces de Nueva York. Méndigo viejo, se estaba burlando de mí. Pues sí, le dije y qué, a ver por qué no les dice nada a todos estos que trabajan aquí y se van a gastarse el dinero conmigo. Mira, mira, ¿nomás yo le gusté? Estaba pendejo. Yo ni le hice caso, me le puse al brinco.

Me acuerdo de que en ese tiempo nos daban unos chalequitos de uniforme para que nos los pusiéramos. No, yo nunca me lo puse. Siempre me regañaban, pero siempre me valió. Ya despúes me empecé a juntar con Ramiro, que tenía una estética. Él me enseñó todo y me dejaba trabajar ahí. Yo preferí dejar mi trabajo en la Soriana y poner mi estética. Así ya no tenía qué quedar bien con nadie, y podía andar de mujer todo el día.

ÓSCAR: Oye ¿y hasta cuando estuviste en la zona?

MACIEL: Pues hasta que la cerraron, ya cuando nos echaron a todas pa'fuera. Pero luego nos fuimos a la zona de Chávez. Hasta allá fuimos a parar. Ahí recuerdo que conocí un pelado buenísimo. Fíjate, cuando lo conocí me dijo que el día que me viera con otro se iba a ir y que ya nunca lo iba a volver a ver. Pues me lo cumplió. El viejo me gustaba muchísimo. Ahí cuando cerraban, echaban a todos los mayates pa'fuera.

A nosotras nos metían a nuestros cuartos que dizque a dormir. Todas les decíamos a nuestros mayates: espérame ahí en la barda, ahorita te meto. Y ahí verás a toda la bola de mayates asomados por la barda, nomás se le veían las cabecillas. Ahí andábamos todas, ¿dónde está el mío, joto? Ah, ya lo vi, y "vente papacito, pásale". A escondidas los metíamos a nuestros cuartos. Así yo metí al viejo ese. Estaba buenísimo.

Me acuerdo de que, en la mañana, siempre me iban y me tocaban los otros jotos. "joto, ¿no tienes crema que me prestes? Me decían. Siempre buscaban un pretexto pa'ver al pelado. Yo abría y veían ahí tendido en la cama todo ese pedazo de hombre, ahí encuerado nomás tapado un poquito con la sábana. Me gustaba mucho ese viejo. Hasta que una vez que llegó me encontró con un cliente. Y así como me lo prometió jamás lo volví a ver.

ÓSCAR: Y ¿hasta cuándo dejaste la prostitución?

MACIEL: Fue cuando conocí a un tipo que quise mucho. Yo dejé la prostitución por él. Vivimos juntos cinco años, hasta que conocí al que era en verdad. Era un celoso de lo peor, pero loco, enfermo. Me golpeaba, me vigilaba. Incluso tuve problemas fuertes. Fue cuando puse una demanda y aquí en Gómez me cuidaban. Me pusieron vigilancia para que el pelado no se me acercara.

ÓSCAR: ¿Y ahí fue donde murió Verónica Verano?

MACIEL: Sí, esa ahí se quedó, ya nomás soy Maciel.

ÓSCAR: Bueno, eso era todo. Gracias.

MACIEL: Ay sí tú, como ya me hiciste soltar todo mi pasado (risas). No te creas, no hay de qué.

GATITA APORREADA

Cuando volví a ver a Paulina la encontré como una gatita aporreada, con la cara llena de rasguños. Llegué a buscarla el domingo. Fui con miedo a lo que me pudiera encontrar. El sábado fui a La Rueda con la esperanza de encontrarla. No había ido. Esa misma noche me fui a su casa donde tampoco la encontré. Le dejé una nota diciéndole que la extrañaba, que necesitaba verla.

Me recibió en casa de su madre como si nada hubiera pasado. Nos fuimos caminando hacia su casa. Paulina se había peleado el viernes en La Rueda con otra vestida, por lo mismo el sábado ya no fue.

No cabía duda. La niña era autodestructiva. ¿Qué más podía yo buscar en una mujer? Era mi complemento. El pleito fue el remate esperado a su tragedia, una forma de acentuar su desdicha. La niña estaba complacida. La habían vetado. A partir de esa noche ya no la iban a dejar entrar a La Rueda. ¿A mí qué me importaba? Yo iba por ella.

Me di cuenta el sábado de algo muy jodido. Como no la encontré, me aburrí como nunca. La necesitaba. No existe nada más jodido que necesitar a una persona en especial, para lo que sea, sexo, placer, charlar, sentirse querido. Necesitar una persona es el preámbulo al infierno.

Ese sábado, por un momento pensé en ligarme a Carla, la vestida bonita que tenía como opción A cuando no encontraba a Paulina. Carla sí llegó a La Rueda, pero no la abordé, mi corazón era de la maldita Japón, mi gatita aporreada. Ni si quiera le hablé.

Paulina no me dijo que me extrañaba, no dijo gran cosa, y se limitó a hacer como que nada había pasado entre nosotros. Entendí que así sería desde entonces nuestra relación. Necesitaba entender pronto las reglas del juego.

Así iban a ser las cosas: cuando tuviéramos problemas sólo tenía que fingir demencia y no hacer caso, seguir adelante, ya cuando se le pasara las cosas iban a ser como siempre.

Porque de una u otra forma ambos sabíamos que estaríamos por siempre solos. Seguí en lo mismo. Ahora sí había heridas qué lamerle.

Ese día estuvimos juntos como dios manda. Al día siguiente me volví a quedar en su casa, me llevé otra vez mis cosas. Dormí con ella y volvimos a coger de madrugada como acostumbrábamos.

En la mañana, otra vez como siempre, estaba a punto de llevarla al trabajo cuando me dijo:

Si me haces el amor, no voy a trabajar.

MÚSICA PA' JOTEAR

Para ser vestida hay que grabarse el casete con cierta ideología. Esa la puedes encontrar en la música. Algunos ejemplos claros de esa ideología pueden encontrarse en las siguientes letras de canciones:

*

Yo soy rebelde porque el mundo me ha hecho así Porque nadie me ha tratado con amor Porque nadie me ha querido nunca oír. Yo soy rebelde porque siempre sin razón Me negaron todo aquello que pedí /Y me dieron siempre sólo incomprensión Y quisiera ser como el niño aquel Como el hombre aquel Como el hombre aquel que es feliz /Y quisiera dar lo que hay en mí Todo a cambio de una amistad Y soñar y vivir y olvidar el rencor Y cantar y reír y sentir sólo amor.

*

Yo no soy esa que tú te imaginas Una señorita tranquila y sencilla / Que un día abandonas y siempre perdona Esa niña así, no, esa no soy yo. / Yo no soy esa que tú te creías / La paloma blanca que te baila el agua Que ríe por nada, diciendo sí a todo Esa niña así, no, esa no soy yo.

*

Si quieres verme llorar dime que vas a dejarme que tú vas a abandonarme y no piensas regresar / Si quieres verme llorar dime que ya no me quieres que por otro amor te mueres / si me quieres ver llorar / Si me quieres ver sufrir mírame que estoy sufriendo que tú amor estoy perdiendo y sin ti voy a morir

*

Mi pobre corazón tiene una pena muy grande, muy grande queriendo consolarlo yo le dije: no llores, no llores son nuestras las estrellas de la noche y nuestros son los rayos del sol hagamos de la vida un derroche y vámonos al mundo los dos. Y mi corazón gitano por fin se volvió su cárcel rompió/ igual que un gitano vivió tal vez hallará un día un amor de verdad y entonces él se detendrá, él se quedará, quizá y se quedará... quizá / Igual que los gitanos sin destino, vagamos, vagamos si acaso nos sentimos ya cansados cantamos, cantamos son nuestras las estrellas de la noche y nuestros son los rayos del sol hagamos de la vida un derroche y vámonos al mundo los dos Y mi corazón gitano por fin se volvió ... etc.

*

Voy buscando un amor que quiera comprender la alegría y el dolor, la ira y el placer un bello amor sin un final que olvide para perdonar / es más fácil encontrar rosas en el mar. Voy buscando la razón de tanta falsedad la mentira es obsesión y falsa la verdad que ganarán qué perderán si todo esto pasará es más fácil encontrar rosas en el mar. Voy viviendo mi verdad y no quieren oír es una necesidad para poder vivir la libertad / la libertad derecho de la humanidad es más fácil encontrar rosas en el mar. Voy buscando un lugar perdido en el mar donde pueda olvidar el mundo la maldad / la soledad quiero buscar para poder vivir en paz es más fácil encontrar rosas en el mar.

MAYEL

En su casa le decían Mayel, pero su verdadero nombre era Ismael Ríos. Desde niño fue gay. Jamás sintió atracción hacia las niñas. El primer niño que le gustó fue un compañero en quinto de primaria que se llamaba Carlos. A lo más que llegó fue a tomarle la mano.

En su casa siempre fue el consentido. Lo aceptaron desde el principio. Los problemas se presentaron cuando se comenzó a vestir de mujer. Uno de sus primos, más grande, era ya toda una niña vestida, fue él quien lo motivó a vestirse de mujer. Fue en una fiesta gay. Su primo le quiso prestar ropa, pero a Mayel no le gustó nada, así que buscó su propio vestuario. Medio lo enseñaron a maquillarse. Ese día usó una peluca.

La madre de Mayel fue la que lo aceptó primero. Don Ismael, su padre, fue el que tuvo problemas con eso.

¿Además de joto ahora te tengo que aguantar así? le preguntó Don Ismael.

Al ver el rechazo, Mayel se fue de la casa a vivir con una amiga. Para ese entonces, Mayel ya trabajaba en una maquila. Pasaron algunos días hasta que la mamá de Mayel lo fue a buscar para pedirle que regresara.

Mayel, vete ya para la casa, ¿qué estás haciendo aquí si tú tienes tu casa?

No, si mi papá no me acepta.

Ya hablamos de eso. Tu papá va a estar de acuerdo.

Entonces dígale que en la noche voy.

Mayel llegó a la casa de sus papás con cierto miedo. No sabía si era verdad lo que su madre le había dicho en la mañana. Tal vez su papá no estaba de acuerdo y sólo le había dicho eso con tal de que regresara. Cuando entro a la casa, Don Ismael lo estaba esperando.

Pues ¿qué andas haciendo en otras casas? Esta es tu casa, Mayel, chingado.

Sí, pero usted no me acepta, papá.

Mira Mayel, yo te voy a aceptar como tú eres. Nomás te voy a decir algo. Date a respetar. Que ningún cabrón te haga menos. Tú defiéndete siempre, pártele su madre a cualquier cabrón que se quiera pasar de vivo. Además, para eso tienes familia, para eso están tus hermanos y para eso estoy yo. Nomás nos dices y le partimos su madre al cabrón que te quiera chingar.

Eso no me lo tiene qué decir, papá. Eso yo lo aprendí de usted. Yo me sé defender.

Y otra cosa: si te vistes, te vistes aquí en tu casa, no en otro lado. De aquí ya sales vestida.

A Mayel le daba pena hacerlo enfrente de su padre pero lo aceptó.

Bueno, dijo Don Ismael, y ¿cuándo te vistes para verte?

El fin de semana, dijo Mayel.

Llegó el fin de semana y Mayel se vistió para salir. En la sala se encontraba Don Ismael esperando a ver cómo se transformaba su hijo en hija. Mayel estaba listo, pero le daba pena que su papá lo viera. No tuvo más alternativa que salir. Don Ismael lo vio y dijo a sus otras hijas:

Miren, pos si se ve mejor que ustedes.

Todo se relajó, la tensión desapareció. Finalmente, Mayel era el consentido, ¿por qué no podía ahora ser su niña consentida? Don Ismael le hizo una última recomendación.

Mayel, nomás te voy a encargar otra cosa. No te pongas minifalda. Al menos no quiero yo verte así. Se me figura que te sientas y se te ven las bolas.

Así comenzó Mayel su tránsito como vestida frecuentando La Rueda. Ahora sólo le faltaba el nombre de batalla. Ya lo había pensado. Éste lo sacó de su primer novio, un amigo de la secundaria, con quien tuvo sus primeros encuentros, un tal Paulino.

Así fue como Mayel dejó de existir, para convertirse definitivamente en Paulina. Sí, mi Paulina, la misma.

NO, YA NO

Siempre tuve la razón, Paulina seguía enganchada con su ex. Me lo confesó en La Rueda el último sábado. Como era costumbre de viernes, la fui a buscar a su casa y no la encontré. El sábado no la busqué y emprendí el joti-tour con David. Ya en la Rueda, la vi y no me habló. Me le acerqué tratando de aligerar las cosas.

Siempre ¿a dónde fuiste ayer? le pregunté

Ahí anduve por la casa

¿Te vas a ir conmigo?

No

¿Por qué?

No... ya no

¿Otra vez?

Esto ya es lo último

Mmm... está bien sólo dime por qué

Te lo voy a decir, y créeme que me va a doler más a mí que a ti A ver. Es que todavía estoy enamorada del otro.

Y ¿qué vas a hacer si él no te ama?

Él dice que no me ama, pero yo sé que sí.

Y ¿ya no me vas a hablar? ¿ya no me vas a ayudar con mi novela?

Yo siempre te voy a ayudar en lo que necesites

Bueno. Me voy para no molestarte.

Tú no te preocupes.

De cualquier forma me quedé en La Rueda, yo no había ido con ella así que no tenía por qué irme. Estuve con David bebiendo y platicando. Paulina pasaba constantemente por donde yo estaba. Se me quedaba viendo y yo la evitaba.

¿Ya qué caso tenía cualquier cosa? De rato me aburrí. Le faltaba acción a la noche. Vi a Carlita sentada en la barra con una amiga. Me le quedé viendo. Me pidió un cigarro. Me le acerqué y le saqué plática. Sabía que cuando Paulina me viera se encabronaría.

Por más que dijera que seguía enamorada del otro, era una vestida, le tenía que molestar. Además, Carla era muy bonita, podía sentir la competencia. Apenas dejé de platicar con Carla y me fui a buscar a David. En el camino vi de reojo a Paulina, me di cuenta de que nos había estado viendo. Sentí su mirada, pero no volteé a verla.

No mames, güey, Paulina te estaba viendo emputadísima, me dijo David.

Si ya sé. Sentí la pinche mirada, pero de eso se trataba, de mortificar. Qué bueno, se lo merece la estúpida.

Después Paulina me seguía viendo insistentemente. La ignoré. Era increíble. Un poco de psicología inversa y la güey cae. No puedo creer que sea tan fácil. Es demasiado vulnerable, cualquiera la puede dañar. Creo eso es parte del por qué me obsesioné. Me parecía tan frágil que deseaba protegerla.

Después de un rato llegué a la barra. Ahí estaba Paulina; comenzó a agarrarme las nalgas como si nada. Luego me mordió en el cuello. Sabía qué era lo que quería: mostrarle a Carla y a las demás que yo era de ella.

¿Por qué me manoseas?

Ay, es que traigo la mano muy larga, me contestó muy sonriente.

¿No estás tomando?

No, yo ya no tomo

¿Leche?

Ya te vi, muy bien acompañado

¿Con quién? ¿con David?

No te hagas, con la que te gusta

Ah... pero no me gusta

Tú me dijiste

No es cierto

Sí

La voy a entrevistar, es todo

Mmm... Cuando termines tus entrevistas me buscas

¿Para qué?

Para lo que quieras

Y ¿si estás ocupada?

Y entonces valió madres todo el asunto, de nuevo.

Le recordé a Paulina, el porqué de toda la bronca. Le di a entender que si la buscaba tal vez iba a estar con el otro. Recordó sus propias palabras y se volvió a sentir mal con ella misma. Se volteó y me dejó de hablar.

¿Ya te enojaste otra vez?

...

¿No me vas a hablar?

...

Y me fui de inmediato. Yo no estaba para aguantarle sus bipolaridades. Si quería estar bien, pues bien, si no, pos no. Ya no la vi. Se fue de inmediato. Todavía me quedé un rato, pero con una sensación extraña. Aunque había ganado la batalla con el asunto de Carla, con la última plática terminamos como empezamos. Como si hubiera sido un empate. Yo quería ganar.

ANTES MUERTA QUE SENCILLA

Eso no se podía quedar así. Al día siguiente la fui a buscar como siempre. No la encontré en su casa, sino con su madre. Salió como esperaba, como si nada hubiera pasado. Ya me estaba empezando a aprender la rutina. Viernes y sábado, bronca, domingo reconciliación.

Mi búsqueda era una forma de decirle que me importaba un carajo lo que dijera, total nunca se mantenía firme en sus decisiones, mientras siguiera conmigo me valía madres de quién estuviera enamorada. Yo ya me había dado cuenta de que la relación era imposible, estuviera o no el otro de por medio. Yo necesitaba ya muy poco para terminar mi novela, sólo algunas fotografías que ella tenía. A eso fui. No dejé de quererla, pero no estaba dispuesto a seguir con ella si no ponía de su parte.

Esa noche salimos a pasear, como si nada hubiera sucedido. Compramos una película y fuimos a mi casa a verla. Esa noche dormimos juntos y otra vez hicimos planes para el futuro. La dejé en la mañana en su trabajo. Ya para la noche encontré a la misma Paulina con dudas, arrepentida de volver conmigo. La verdad es que era sumamente manipulable. Le hablaba yo y la convencía de seguir conmigo. Le hablaban sus amigas y la convencían de dejarme. Le hablaba el otro y la convencía de que lo seguía amando.

Luego tuve una revelación. Escuchamos una canción en el auto: "Antes muerta que sencilla". Dijo que se trataba de una buena canción jotera, que manifestaba a la perfección el pensar y sentir de las vestidas. La conseguí, investigué y descubrí que la cantaba María Isabel, una españolita de nueve años.

Me cayó todo el veinte de Paulina. Estaba yo tratando con un cabrón con la mente de una niña de nueve años. Todo encajó perfectamente.

¿Por qué no quería comprometerse?

Los niños de esa edad no buscan comprometerse, son egoístas, caprichosos, infantiles, y sólo buscan divertirse. ¿Qué enfermo estaba? Pero yo. Me di cuenta por qué me gustaba Paulina: me gustaban las niñas, me doblaba la ternura. Yo había encontrado una niña en ella sin darme cuenta.

Cuando comencé el peregrinaje dentro del mundo travestido, no logré ser consciente de un grave fallo en mi visión. Las vestidas viven prisioneras dentro de un mundo terrible que yo no reflejaba. Yo solo fui quien puso la ternura en juego. Al leer una novela sobre el mundo travesti casi siempre esperas descubrir una historia violenta, dura, cruda; estás preparado para encontrar los crímenes, la violencia y los encarcelamientos.

La vestida que a mí me interesó era un chico cuya mente era parecida a la de una niña de nueve años. Ahí fue donde estuvo el fallo. ¡Si seré pendejo!

Por si les interesa, les dejo la letra de la canción-himno de las vestidas, para que se diviertan un rato y por si alguna vez se quieren vestir ya tengan la actitud:

El pintalabios, toque de rimel moldeador como una artista de cine Peluquería, crema hidratante y maquillaje que es belleza al instante abrid la puerta que nos vamos pa´la calle que a quién le importa lo que digan por ahí.

Antes muerta que sencilla ay que sencilla, ay que sencilla. Antes muerta que sencilla, ay que sencilla, ay que sencilla

Y es la verdad porque somos así nos gusta ir a la moda, que nos gusta presumir que más nos da que digas tú de mí de Londres, de Milán, de San Francisco o de París Y hemos venido a bailar para reír y disfrutar después de tanto y tanto trabajar que a veces las mujeres necesitan una poquita, una poquita, una poquita, una poquita libertad.

Mucho potaje, de los de antes por eso yo me muevo así con mucho arte y sí algún novio se me pone por delante le bailo un rato y unas gotitas de Chanel nº 4 ¡el más barato! /que a quién le importa lo que digan por ahí

Antes muerta que sencilla, ay que sencilla, ay que sencilla Antes muerta que sencilla, ay que sencilla, ay que sencilla

Y es la verdad porque somos así nos gusta ir a la moda, que nos gusta presumir que más nos da que digas tu de mí de Londres, de Milán, de San Francisco o de París / Y hemos venido a bailar para reír y disfrutar después de tanto y tanto trabajar que a veces las mujeres necesitan una poquita, una poquita, una poqui...

Antes muerta que sencilla ay que sencilla, ay que sencilla / Antes muerta que sencilla, ay que sencilla, ay que sencilla

EL ABANDONO

De pronto me di cuenta de que tenía que abandonar mi extravío con Paulina. Las relaciones no se terminan nunca, se abandonan. Así hice con Paulina, la abandoné. De cierta manera ella siempre tuvo razón desde el principio. Paulina dijo que tarde o temprano yo la abandonaría, y eso fue lo que pasó.

Sin decir ni explicarle nada, nomás no regresé a buscarla. No sentí la necesidad de terminar la relación de manera formal. Porque ¿cuál relación? Todo era una estúpida mentira desde el inicio. La usé, me usó. Estamos en paz. Tampoco pensaba quedarme ahí como imbécil toda la vida. Yo tenía lo peor de la relación sin las ventajas. Digamos que tenía las obligaciones sin los beneficios.

Paulina ni siquiera se arreglaba para mí. Me recibía en su casa como hombre, sólo se vestía los fines de semana y era cuando yo ya no la veía porque ella prefería andar de loca por su cuenta y yo le estorbaba. Entre semana cuando se sentía solo me recibía. Y pues ese negocio no me interesó. ¿Para qué quería de amante a una "vestida" si no la veía "vestida"? Para mí era como andar con un simple jotillo y cholo. Me di cuenta de que era lo mejor, no sé si para ambos, pero lo era para mí. Paulina deseaba seguir enculada con el otro, y yo no estaba dispuesto a entregarme a un amor, y menos si es imposible, porque como lo dije antes: "O es posible o no es nada".

No tenía caso luchar por algo que no iba a suceder. Nunca tendría la relación que yo buscaba con Paulina. Ella no era para eso. Nuestros estilos de vida eran por completo diferentes. Venimos de mundos distintos. Sentí pena, pero no tanta, sólo la suficiente. Era algo con lo que podía vivir. Me las arreglaría, estaba seguro. A grandes rasgos y generalizando, las conclusiones que obtuve de esa experiencia fueron:

A) Las Vestidas ya no saben ni qué quieren en la vida. Viven en un mundo de fantasía y paranoia del cual no las podrás arrancar jamás.

B) Ese loco afán por ser mujeres las tiene trastornadas.

C) Le temen a la felicidad (Cualquier atisbo de dicha les resulta incómodo). Aunque en teoría parezca lo más sano, difícilmente alguien le abre las puertas a una vida mejor, y en eso no me refiero sólo a las vestidas, lo encuentro en cualquier persona, homo o hetero. Nadie quiere ser feliz. El drama es el combustible del ego y el eje que hace girar el mundo.

D) Las vestidas no buscan el amor. Ni lo conocen, a mi parecer. Parecen resignadas a vivir la vida sin él. Se creen portadoras de la fatalidad. Al fin y al cabo, ellas piensan que el mismo Dios las ve con malos ojos, es decir, según ellas, para Dios son unas pecadoras (Ojo, que no digo pecadores).

E) Viven en el melodrama. Las telenovelas y las canciones cursis las tienen en donde están. Buscan ser las villanas de la telenovela, y al mismo tiempo, cuando están a solas se consideran, a su entender, la eterna sufriente protagonista, es decir, la buena de la historia, condenadas a sufrir durante toda su vida a causa de ese su enorme corazón.

Aún con estas conclusiones pienso que las Vestidas son criaturas encantadoras, y que encantan por lo que son: Divas.

Y en fin, esas son las vestidas, los travestis. Pero ahora déjenles cuento sobre las lesbianas…

www.ingramcontent.com/pod-product-compliance
Lightning Source LLC
Chambersburg PA
CBHW031308250726
48656CB00005B/1697